Far Far East

A TRIBUTE TO FARAWAY ASIA

Fernweh Fernost

REISEN DURCH DAS FERNE ASIEN

PHOTOS BY PATRICK PICHLER

TEXT BY ALEXANDRA SCHELS & PATRICK PICHLER

Far Far East

A TRIBUTE TO FARAWAY ASIA

Fernweh Fernost

REISEN DURCH DAS FERNE ASIEN

PHOTOS BY PATRICK PICHLER

TEXT BY ALEXANDRA SCHELS & PATRICK PICHLER

RUSSIA
KAZAKHSTAN
MONGOLIA
P. 79
CHINA
P. 45
NEPAL
P. 140
INDIA
MYANMAR
P. 209
INDIAN OCEAN
ANDAMAN SEA
SRI LANKA
P. 12

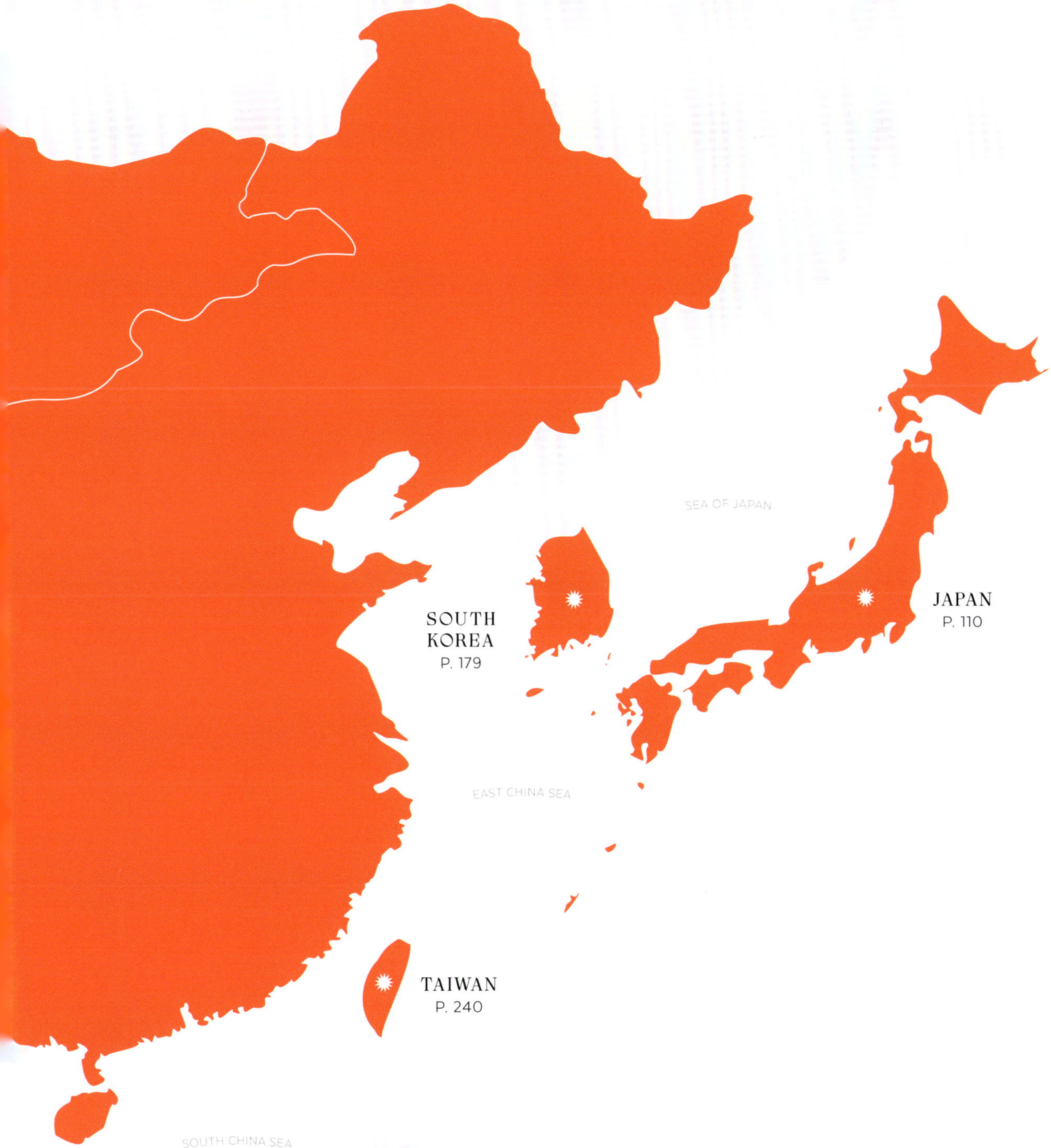

DESTINATIONS
FERNWEH FERNOST
REISEZIELE
FAR FAR EAST
N O E S

Travel Episodes

Moments of a lifetime

Es ist 5:30 Uhr morgens und wir blicken mehrere tausend Meter in die Tiefe. Wir kämpfen gegen die Müdigkeit, gegen Atemnot und Kälte. Das Luftholen brennt in den Lungen. Wir befinden uns auf dem schmalen, schneebedeckten Grat zum Basecamp, mitten im Annapurna-Massiv in Nepal und vor uns erstreckt sich der siebentausend Meter hohe Berg Machapuchare. Auf der Kuppe der letzten Steigung halten wir an. Zum ersten Mal in den letzten Stunden wendet sich unser Blick bewusst ab von den stapfenden Füßen im Schnee. Im Blinzeln der ersten Sonnenstrahlen sehen wir in der Ferne die Gebetsfahnen im Wind flattern. – Dort wollen wir hin. In den Augen von Mingmar, unserem nepalesischen Bergführer, lässt sich ein zufriedenes Lächeln erahnen, als er über die Bergketten hinweg bis zum Horizont blickt. Der Ausblick ist unbeschreiblich. Ohne ein Wort zu wechseln bleiben wir stehen und blicken auf die höchsten Berge der Welt. Jegliche Strapazen sind mit einem Schlag vergessen.

Es gibt Momente, an die man sich ewig erinnert. Erinnerungen, die einem niemand mehr nehmen kann und für die sich jede Anstrengung und Mühe lohnt. Oft sind es einfache Dinge – ein Sonnenaufgang, ein Meeresrauschen, unerwartete Begegnungen mit Menschen oder neue Gerüche und Aromen, die uns sofort in eine andere Welt eintauchen lassen und nicht mehr loslassen. Auf unserer Reise quer durch Asien haben wir all diese visuellen Eindrücke und persönlichen Erlebnisse zusammengetragen. Dies ist unsere ganz persönliche Liebeserklärung an Asien. Für uns ist dieser Kontinent zweifellos das aufregendste Reiseziel der Welt. Kein anderer bietet so viele Kontraste und Vielfalt, nirgendwo gibt es abseits der klassischen Reiseziele soviel zu entdecken.

Wir möchten euch mitnehmen auf eine Reise in acht fernöstliche Länder, die unterschiedlicher nicht sein könnten: Kommt mit in die absolute Stille der Wüste Gobi in der Mongolei, zu den gewaltigen und höchsten Bergen der Welt in Nepal. Steht mit einem Fuß in der Zukunft in Japans futuristischen Metropolen und trefft auf außergewöhnliche Menschen wie den Intha in Myanmar, die ihr Leben auf dem Wasser verbringen. Besucht die stolzen Meeresfrauen auf Südkoreas Vulkaninsel Jeju und lasst euch die die tausend Aromen der singhalesischen Küche auf der Zunge zergehen. Entdeckt geheimnisvolle Orte in China oder stürzt euch ins Gewimmel taiwanesischer Nachtmärkte. Lasst euch inspirieren von der Vielfalt und Schönheit dieser Länder.

FOREWORD

It is 5:30 in the morning and we are gazing thousands of meters into the depths. We are battling fatigue, shortness of breath, and the cold. Inhaling the icy air sears our lungs. We are on the narrow, snow-covered ridge of the base camp situated in the middle of the Annapurna massif in Nepal. Machapuchare, a mountain seven thousand meters high, stretches up before us. We pause on the crest of the last slope. For the first time in the last few hours, we consciously direct our gazes away from our trudging feet in the snow. Squinting into the first rays of the sun, we can see the prayer flags fluttering off in the distance. That is our destination. There is a satisfied smile in the eyes of Mingmar, our Nepalese mountain guide, as he looks out over the mountain ranges to the horizon. The view is indescribable. Without exchanging a word, we pause to take in the sight of the highest mountains in the world. Any hardships have been forgotten in one fell swoop.

There are moments that you will remember forever. Memories that no one can ever take away from you and for which any effort and struggle is worthwhile. Often it can be simple things—a sunrise, the sound of the sea, unexpected encounters with people, or new scents and flavors that immediately plunge us into another world and never let us go. We have gathered all these visual impressions and personal experiences on our journey through Asia. This is our own personal love letter to Asia. For us, this continent is undoubtedly the most exciting travel destination in the world. Nowhere else offers so many contrasts and diversity; nowhere else is there so much to discover beyond the conventional travel destinations.

We would like to take you on a journey to eight countries in the Far East that could not be more different: Come along to the absolute silence of the Gobi desert in Mongolia and to the world's highest and most majestic mountains in Nepal. Stand with one foot in the future in Japan's ultra-modern cities and meet extraordinary people, such as the Intha people in Myanmar who spend their lives on the water. Visit the proud sea women on South Korea's volcanic Jeju Island and savor the thousand flavors of Sinhalese cuisine on your tongue. Discover mysterious places in China or plunge into the hustle and bustle of Taiwanese night markets. Be inspired by the diversity and beauty of these countries.

»This is our own personal love letter to Asia.«

ALEXANDRA SCHELS

Alexandra Schels (geb.1989) hält nicht gern die Füße still. Mittlerweile hat sie über 55 Ländern bereist und in Wien, Paris, Brüssel sowie zuletzt in Berlin gelebt. Aufgewachsen im Herzen Bayerns, liebt sie die Natur und Berge ebenso wie das Großstadtleben ihrer Wahlheimat Berlin. Dort arbeitet sie als Beraterin und Projektmanagerin in der Kreativbranche. Die Reise durch Asien war für sie ein Herzensprojekt - für das sie ihr bisheriges Leben für ein Jahr hinter sich ließ. Durch ferne Länder zu streifen bedeutet für sie Abenteuer und Freiheit - ebenso wie Chaos, Schweiß und Blasen an den Füßen. Zurück in Berlin widmet sie sich wieder der Werbebranche und streift bei jeder Gelegenheit mit ihrer Collie Hündin durch die entlegenen Winkel und Wälder außerhalb der Stadt.

Alexandra Schels (born in 1989) suffers from wanderlust. She has traveled to more than 55 countries and has lived in Vienna, Paris, Brussels, and most recently in Berlin. Having grown up in the heart of Bavaria, Alexandra loves nature and the mountains as much as she does the big city life of her adopted home of Berlin. There she works in the creative sector as a consultant and project manager. This journey through Asia was a project near and dear to her heart—and one for which she left her current life behind for a year. For her, roaming through distant countries means adventure and freedom—as well as chaos, sweat, and blisters on her feet. Back in Berlin, she has turned her attention back to the advertising industry. Whenever she has the opportunity, she enjoys exploring the remote places and forests outside the city with her dog.

PATRICK PICHLER

Patrick Pichler (geb.1988) entdeckte seine Leidenschaft für Fotografie beim Weitwandern. Geboren und aufgewachsen in Südtirol liebt er die Wälder und die Berge. Immer wieder sucht er den Blick durch den Sucher und schlägt so die Brücke zwischen seinem Beruf als Designer und der Liebe zur Natur. Seine berufliche Laufbahn führte ihn über Wien nach Berlin. Um auf Asienreise gehen zu können, kündigte der international mehrfach ausgezeichnete Kreative seinen Job als Art Director in einer renommierten Werbeagentur. Zurück in Berlin arbeitet er als freiberuflicher Grafikdesigner und Fotograf und verwirklicht eigene Projekte.

Patrick Pichler (born in 1988) discovered his passion for photography on long-distance hikes. Born and raised in South Tyrol, he loves forests and the mountains. Again and again he searches for sights through his viewfinder, thus building a bridge between his career as a designer and his love for nature. His professional career led him first to Vienna and then to Berlin. A creative talent who has garnered multiple international awards, Pichler quit his job as an art director at a prestigious advertising agency so he could travel to Asia. Back in Berlin, he works as a freelance graphic designer and photographer and carries out his own projects.

12

Sri Lanka

„Ich habe nicht die Hälfte von dem erzählt, was ich gesehen habe, weil keiner mir geglaubt hätte", soll der Entdecker Marco Polo nach seinen Reisen auf die Insel gesagt haben. Zahlreiche Erlebnisse und Geschichten hat er mit zurück in seine Heimat gebracht. Ganz besonders hat ihn dabei die kleine Insel inmitten des Indischen Ozeans beeindruckt, denn er sprach vom heutigen Sri Lanka als die schönste Insel Asiens. Wer sich mit dem Surfbrett unterm Arm in die Wellen stürzt, sich auf die Spuren der letzten Stelzenfischer begibt, mit dem Zug eine der legendärsten Routen der Welt bereist und sich die unverwechselbaren Aromen der singhalesischen Küche auf der Zunge zergehen lässt, wird sich in die Insel verlieben. Und wer später von all dem erzählt, dem wird es womöglich so gehen wie Marco Polo: keiner wird glauben wollen, wie schön die „Perle im Indischen Ozean" doch ist.

"I did not speak about even half of what I saw because no one would have believed me," explorer Marco Polo reportedly said after his travels to the island. He returned to his homeland with numerous experiences and stories. The small island in the middle of the Indian Ocean—now known as Sri Lanka—made a big impression on him, because he described it as the most beautiful island in Asia. Anyone who plunges into the waves with a surfboard under their arm, follows in the footsteps of the last stilt fishermen, travels one of the world's most legendary routes by train, and lets the unmistakable flavors of Sinhalese cuisine melt on their tongue, will fall in love with the island. And those who later attempt to describe all their experiences will probably share the same feelings as Marco Polo: No one will believe just how beautiful the "pearl of the Indian Ocean" really is.

A visit to Mama Curry

DER UNVERWECHSELBARE DUFT VON CEYLON

In der Küche von Malini Perera riecht es nach Koriander, Kreuzkümmel und Kurkuma. Und nach Muskat und Koriander, vermischt mit Zimt. Aus dem Gasherd, dessen Beine auf kleinen Holzkeilen stehen, züngeln blaue Flammen. Darauf ein ausgebeulter Messingwok, in dem bereits große Kürbisstücke in Kokosmilch köcheln. Auf der Arbeitsplatte steht das hölzerne Gewürzregal mit Döschen und Tigeln, die darauf warten, eine Geschmacksexplosion zu erzeugen: Geröstetes Currypulver, getrocknete Lorbeer- und Pandanblätter, Moringastangen sowie Senfpulver, Tamarinde und getrockneter Fisch.

Es ist 9 Uhr morgens in den Straßen von Galle Fort im Süden Sri Lankas, und die Hitze lässt bereits jetzt erahnen, wie heiß der Tag werden wird. Langsam erwacht die Stadt am Meer zum Leben: die kleinen Bistros und Cafés stellen Tische und Stühle nach draußen, Boutiquebesitzer drapieren bunte Kleider in den Auslagen. Eine Seitengasse weiter, nahe dem berühmten Leuchtturm der Stadt, herrscht hektisches Treiben. Malini Perera dirigiert drei Tuk Tuk-Fahrer vor ihr kleines Restaurant. Die zierliche Singhalesin blickt streng über ihre Brille und gestikuliert mit den Armen. Im Hintergrund steht ihr Gefolge: der Ehemann und zwei ihrer Angestellten. Inmitten des Getümmels steht eine kleine Gruppe Reisender, die darauf warten, in ihrer Küche in die Welt des Currys einzutauchen. Malini springt ins Tuk Tuk: „Los, los! Alle einsteigen, wir fahren zum Markt." Alle hören auf ihr Kommando.

Malini Perera ist eine Institution in Galle Fort und wird liebevoll die „Mama des Currys" genannt. Sie ist Köchin, Familienoberhaupt und tüchtige Geschäftsfrau. Bei ihren Kochkursen teilt sie über Jahre weiterentwickelte Curryrezepte mit Genießern aus aller Welt. Ihr Leben hat sie dem Kochen verschrieben und zusammen mit ihrem Mann Jerome ist sie stolze Besitzerin eines kleinen Restaurants mit Herberge: Das Mama's.

Hupend fahren die Tuk Tuk's in die Marktstraße ein. Verkäufer sitzen hinter Obst- und Gemüsebergen. Auberginen, Schlangen- und Luffagurken, rote, grüne Chilis, Lotuswurzeln, Goabohnen, Süßkartoffeln und Knollen liegen neben Salaten und Bündeln frischer Kräuter. Flink legt eine Marktfrau eine Handvoll Knoblauch in eine der Kupferschalen der Waage, um ihren Preis zu bestimmen. Nebenan liegen auf einem nassen Holztresen Thunfische, Schwertfische und einige Krebse, deren Scheren mit Klebeband umwickelt sind. Als Mama Perera über den Markt schreitet, nicken ihr links und rechts die Händler zur Begrüßung zu. Zielstrebig navigiert sie zu ausgewählten Ständen und diktiert den Verkäufern die Zutaten von ihrem handgekritzelten Zettel. Die Ware wird gewogen, geordnet und eingepackt. Wenig später schauen aus sechs schweren Tüten Okra-Schoten, Kürbishälften, rote Beete, Kokosnüsse, Zitronengrasstängel und eine riesige Jackfrucht, sowie Tütchen mit Curry-Pulvern und Pasten heraus.

Curry mit Reis ist Sri Lankas Nationalgericht. Unzählige Variationen sind heute davon bekannt, denn jeder Koch interpretiert das Rezept auf seine Art und Weise. Einflüsse aus Indien, Thailand, Malaysia und den Malediven haben das Gericht geprägt. Vor allem aber brachten Länder, die Seehandel mit dem damaligen Ceylon betrieben, neue Zutaten und Gewürze ins Land. So hinterließen die Araber Safran und dank der Portugiesen kamen neue Chilisorten auf die Insel. Der Hauptbestandteil des Gerichts bleibt jedoch immer gleich: das Currypulver! Eine Mischung aus über 20 verschiedenen Gewürzen, die insbesondere durch Kurkuma, seine goldene Farbe bekommt. Dazu sind Kreuzkümmel, Koriander und gemahlene Senfkörner eine beliebte Kombination. Der Geschmack kann also je nach Mixtur mal süß, scharf, mild oder fruchtig sein.

Kurz nach 10 Uhr, zurück vom Markt. Jerome hat die Einkäufe bereits ausgepackt und auf der Arbeitsplatte in der Mitte des Raums ausgebreitet. Die kleinen runden Tische sind beiseitegestellt und die Stühle in eine Ecke gestapelt. Eine Schüssel mit Wasser steht bereit, um alles gründlich abzuwaschen. Mamas goldene Armbänder klimpern im Rhythmus der Messerschnitte, als sie den Kürbis

vierteilt und in grobe Würfel zerteilt. Die Stücke gibt sie in den schweren Wok auf dem Herd und übergießt sie mit frischer Kokosmilch. In einem Rutsch zieht sie die frischen Curryblätter vom Stängel ab, zerdrückt sie energisch mit den Händen und wirft sie in die Pfanne. Dann öffnet sie verschiedene Döschen mit gelben, braunen und dunkel gefärbten Gewürzen. „Geröstetes Currypulver ist die wichtigste Zutat. Ohne das, geht es nicht", erklärt sie und wirft eine Prise davon in die inzwischen brodelnde Milchsuppe. Chillies, Zwiebel, Knoblauchzehen. Alle Zutaten wandern über ihr zerfurchtes Schneidbrett, werden grob gehackt und landen Sekunden später im Wok. Ihr scharfes Messer legt sie nur zum gelegentlichen Umrühren aus der Hand. Alle ihre Handgriffe sitzen und sind über Jahre hinweg so fein abgestimmt wie die Würze ihrer Gerichte.

Malinis Currys sind echte singhalesische Hausmannskost und Soulfood, die Rezepte ihr persönlicher Schatz: „Meine Mutter hat mir das Kochen beigebracht. Jetzt gebe ich es an alle weiter, die sich für mein Land interessieren." So hat sie in den letzten 16 Jahren mit Reisenden aus der ganzen Welt gekocht. „Es macht mich glücklich, dass meine Currys nun auch außerhalb von Sri Lanka gekocht werden." Während sie sich die Hände an ihrer Schürze abwischt, stellt Jerome die Tische zurück an ihren Platz und deckt sie mit einfachen Tonschalen und Besteck ein. Pünktlich zur Mittagszeit hat Mama neun verschiedene Gerichte mit Reis gekocht. Während sie noch knuspriges Pappadam-Brot im heißen Kokosfett frittiert, dampft es aus den heißen Töpfen: Linsen-, Auberginen- und Rote Beete-Currys stehen neben Fisch-, Jackfrucht- und Kürbis-Curry. Es ist heiß an diesem Tag, und in der kleinen Seitenstraße, nahe dem berühmten Leuchtturm, liegt der unverwechselbare Duft von Ceylon in der Luft.

THE UNMISTAKABLE SCENT OF CEYLON

The fragrance of coriander, cumin, and turmeric fills Malini Perera's kitchen, together with nutmeg and coriander mixed with cinnamon. Blue flames flicker from the gas stove, whose legs stand on small wooden wedges. On top of the stove is a well-used brass wok, in which large pieces of pumpkin are already simmering in coconut milk. On the work surface is a wooden spice rack filled with jars and tins waiting to create a flavor explosion: toasted curry powder, dried bay and pandan leaves, moringa sticks, as well as mustard powder, tamarind, and dried fish.

It is 9 a.m. in the streets of Galle Fort in southern Sri Lanka, and the heat already hints at just how hot the day will be. The city on the sea slowly awakens and comes to life: The small bistros and cafés set out tables and chairs, while boutique owners drape bright clothes in their displays. There is a flurry of activity in a small side street not far from the city's famous lighthouse. Malini Perera directs three tuk-tuk drivers in front of her small restaurant. The petite Sinhalese woman looks sternly over her glasses and gestures with her arms. In the background is her entourage: her husband and two of her employees. Amid the commotion stands a small group of travelers waiting to dive into the world of curry in her kitchen. Malini jumps into the tuk-tuk: "Let's go, let's go! Everyone in, we're going to the market." Everyone follows her command.

Malini Perera is an institution in Galle Fort and is affectionately known as "the mama of curry." She is a cook, head of the family, and a hardworking business woman. In her cooking classes, she shares her curry recipes, which she has refined over the years, with connoisseurs from around the world. She has dedicated her life to cooking and, together with her husband Jerome, she is the proud owner of a small restaurant and hostel: Mama's.

Honking tuk-tuks enter the market street. Vendors sit behind mountains of fruits and vegetables. Eggplants, snake and luffa cucumbers, red and green chilies, lotus roots, goa beans, sweet potatoes and tubers are arranged next to various greens and bunches of fresh herbs. A market woman swiftly places a handful of garlic in one of the scale's copper bowls to determine the price. In the adjacent stall, a wet wooden counter displays tuna, swordfish, and a few crabs whose claws are wrapped with tape. As Mama Perera walks through the market, vendors to her left and right nod in greeting. She

ZUBEREITUNG SINGHALESISCHER CURRY VARIANTEN
wie das Rathu Ala Maluwa Curry mit roter Beete,
das Wattakka Curry aus Kürbis und ein Parippu Curry
aus roten Linsen.

PREPARATION OF SINHALESE CURRY VARIATIONS
such as the Rathu Ala Maluwa Curry with
beet, the Wattakka curry made with pumpkin,
and Parippu curry made with red lentils.

purposefully navigates to certain stalls and dictates what she needs to the vendors, referring to the ingredients she has jotted down on a piece of paper. The goods are weighed, sorted, and packaged. A short time later, six heavy bags are filled with okra, pumpkin halves, beets, coconuts, stalks of lemongrass, a huge jackfruit, as well as small packets of curry powders and pastes.

Curry with rice is Sri Lanka's national dish. Countless variations of this dish are known today, because every cook interprets the recipe in their own way. Influences from India, Thailand, Malaysia, and the Maldives have shaped the dish. Most of all, countries that engaged in maritime trade with what was then Ceylon introduced new ingredients and spices to the country. As a result, Arabs left saffron, and new varieties of chilies arrived on the island thanks to the Portuguese. However, the main ingredient of the dish always remains the same: the curry powder! Curry is a mixture of more than 20 different spices and its golden color comes from turmeric in particular. Cumin, coriander, and ground mustard seeds are another popular combination. Depending on the blend, the flavor can be sweet, spicy, mild or fruity.

The group returns from the market shortly after 10 a.m. Jerome has already unpacked the purchases and spread them out on the countertop in the middle of the room. The small round tables have been moved to one side, and the stools are stacked in a corner. A bowl of water stands ready so that everything can be thoroughly washed. Mama's golden bracelets jingle in rhythm with her knife cuts as she quarters the pumpkin and chops it into rough cubes. She adds the pieces to the heavy wok on the stove and pours fresh coconut milk over them. She efficiently strips the fresh curry leaves off the stem in one go, energetically crushes them in her hands, then tosses them into the pan. Next she opens various small jars of spices, an array of yellow, brown, and dark colors. "Toasted curry powder is the most important ingredient. Without that, it doesn't work," she explains as she adds a pinch of the spice into the bubbling coconut milk broth. Chilies, onions, cloves of garlic. All the ingredients pass over her scored cutting board, are coarsely chopped, and land seconds later in the wok. Her sharp knife leaves her hand only so she can occasionally stir the mixture. All of her hand movements are perfect and have been as finely tuned over the years as the seasonings in her dishes.

Malini's curries are genuine Sinhalese home cooking and soul food, the recipes her personal treasure: "My mother taught me how to cook. Now I pass that knowledge on to anyone who is interested in my country." For the past 16 years, she has cooked with travelers from all over the world. "It makes me happy to know that my curries are now also being cooked outside of Sri Lanka." As she wipes her hands on her apron, Jerome moves the tables back into place and sets them with simple clay bowls and silverware. Right on time for lunch, Mama has cooked nine different dishes with rice. As she is still frying crispy papadam bread in hot coconut oil, steam rises from the hot pots: Lentil, eggplant, and beet curries stand alongside fish, jackfruit, and pumpkin curry. It is a hot day, and the unmistakable fragrance of Ceylon lingers in the air in the small side street not far from the famous lighthouse.

»My mother taught me how to cook. Now I pass that knowledge on to anyone who is interested in my country.«

An Ode to slowing down

MIT DEM ZUG DURCH SRI LANKA

Das Geräusch der Bremsen lässt erahnen, dass der Zug in die Jahre gekommen ist, als die Lok mit ihren fünf Waggons in den alten Bahnhof von Kandy einfährt. Es ist Rush Hour und viele Tamilen pendeln von der ehemaligen Königsstadt zu den nahe gelegenen Teeplantagen im Zentrum der Insel. Längst sind in den Abteilen keine Sitzplätze mehr frei. Die begehrten Plätze am Fenster sind längst besetzt und die Korridore voll. An den Decken kreiseln verrostete Ventilatoren, verziert mit Spinnweben und Staublametta. Türen gibt es keine. Einige sitzen auf den Stufen des Einstiegs, als sich der Zug wenige Minuten später mit einem mächtigen Ruck in Bewegung setzt. Los geht die Reise hinein ins Landesinnere.

Die erste Dampflok tuckerte im Jahr 1867 von Kandy im Hochland in die Hauptstadt Colombo, voll beladen mit kostbaren Waren wie Ceylon-Zimt, Muskatnüssen, Kautschuk und Pfeffer. Die Jahre darauf wurde das Streckennetz stark ausgebaut, vor allem um den teuren Tee, der auf den hochgelegenen Plantagen angebaut wurde, zu den Häfen an der Küste zu bringen. Von dort wurde er nach ganz Europa verschifft. Das heute über 1500 Kilometer lange Eisenbahnnetz galt damals als Glanzstück der Ingenieurskunst. Die Fahrt über Viadukte aus Stein und stählernen Brückenkonstruktionen zeigt, dass die Eisenbahn bis heute nichts von ihrem Charme verloren hat.

Schwarzer Rauch vermischt mit Dieselgeruch wabert über die fahrenden Waggons. In den Kurven zieht der rußige Geruch bis in die letzten Abteile des Zuges. Der Innenraum ist auf das Nötigste reduziert: zwei Sitzreihen links und rechts und darüber eine rostige Kofferablage. Die spärlich gepolsterten Bänke wirken auf den ersten Blick hart und ungemütlich, sind jedoch erstaunlich komfortabel. Neben der offenen Tür im Abteil weisen kalligrafische Lettern darauf hin, dass die zwei vordersten Sitze im Abteil jeweils für Mönche reserviert sind. Es gibt hier keinen Luxus, keinen Speisewagen und keine Unterhaltungselektronik. Seit den 1930er Jahren hat sich nicht viel verändert.

Die Eisenbahn in Sri Lanka ist unverzichtbar für die Insel. Viele Orte sind ausschließlich mit dem Zug erreichbar. Manche Routen führen direkt am Meer die Küste entlang. Dort verwandelt sich der Zug abends in ein fahrendes Lichtspieltheater. Vom Fenster aus kann man hier beeindruckende Sonnenuntergänge ansehen. Die berühmteste Strecke jedoch verläuft mitten durch das Hochland zwischen Ella und Kandy. Sie gilt als eine der schönsten Zugstrecken der Welt. Kurve für Kurve bahnt sich der Zug durch dichte Vegetation, vorbei an kleinen Dörfern, Tälern und Wasserfällen hinein in eine Gegend, in der seit über 150 Jahren Tee angebaut wird. Soweit das Auge reicht, schmiegen sich sattgrüne Teepflanzen in sanften Schwüngen um die Hügel. Inmitten der Felder leuchten rote, orange, gelbe Farbtupfer. Schon von Weitem sind die tamilischen Frauen in ihren bunten Saris zu erkennen. Blatt für Blatt ernten sie den Tee und werfen sie in große Stoffsäcke, die mit einem Band um ihren Kopf befestigt sind. Ihre Handgriffe sind geschickt und präzise – zwei Blätter und eine Knospe je Trieb, so ist die Regel, die ebenso lange Tradition hat wie der Ceylon-Tee selbst. In den obersten Blättern steckt das ganze Aroma, das diesen Tee so besonders macht. Sein Geschmack: herb, leicht malzig und erinnert an frische Zitrusfrüchte. Einige der Frauen blicken auf und lächeln, als der Zug vorbeidampft. Während sie den Waggons nachschauen, zupfen ihre Hände weiter die Blätter von den Büschen ab.

Glenloch, Heritance, Mackwoods, Bluefields – in dicken Lettern prangen die Namen der Teefabriken an den Hängen. Kurz darauf hält der Zug in einem kleinen Bahnhof. Der pittoreske viktorianische Bau zeugt vom britischen Einfluss in dieser Gegend. Dunkel lackierte Holzbänke säumen die Plattform, darüber eine weiße Uhr mit verschnörkelten schwarzen Zeigern. Während ein Hund über die Gleise neben den Waggons trottet, laufen Männer und Frauen mit Körben und Taschen herbei. Sie verkaufen frisch geschnittene Ananas, gewürzte Erdnüsse, Popcorn mit salziger Butter, Samosas, kleine Chili-Krapfen und Vadas, winzige Linsendonuts. Einer der Händler schält in Windeseile eine Mango mit einem langen Messer und zerteilt sie in mundgerechte Stücke, bevor er sie zu einer Frau in den Zug hineinreicht. Die Fruchtreste stauben die Affen ab, die an den Bahnhöfen bereits sehnsüchtig warten. Nur Augenblicke später winkt der Schaffner mit einem grünen Tuch aus dem Fenster. Ein schriller Pfiff und das eiserne Ungetüm setzt sich wieder in Bewegung.

Damals, als Dampfloks eine neue Ära einleiteten, waren die schweren, behäbigen Züge das schnellste Fortbewegungsmittel ihrer Zeit, mit Geschwindigkeiten über 30 km/h. Heute ist der Expresszug auf vielen Strecken kaum schneller unterwegs. Die Fahrt mit ihm ist eine Ode an die Entschleunigung, fernab jeglicher Hektik, und genau das macht seinen Reiz aus. Wer will schon mit Höchstgeschwindigkeit durch die Insel brettern, wenn sich vor den Fenstern der Garten Eden präsentiert? Denn wie heißt es so schön: „Der Weg zum Himmel führt an einer Tasse Tee vorbei."

TRAVELING BY TRAIN THROUGH SRI LANKA

The sound of the brakes suggests that the train is getting on in years as the locomotive with its five carriages pulls into the old Kandy train station. It is rush hour, and many Tamils commute from the former royal city to the nearby tea plantations in the center of the island. There are no seats left in the compartments. The coveted window seats have long since been taken, and the corridors are full. Adorned with cobwebs and a thick layer of dust, rusty fans spin on the ceilings. There are no doors. When the train starts moving with a mighty jolt several minutes later, some passengers are sitting on the steps of the entrance. Off we go on our trip into the country's interior.

In 1867, the first steam locomotive chugged from Kandy in the highlands to the capital city of Colombo, fully loaded with precious goods such as Ceylon cinnamon, nutmeg, rubber, and pepper. In the years that followed, the route network was greatly expanded, primarily to transport the expensive tea grown on the plantations in the highlands to the ports on the coast. From there, the tea was shipped all over Europe. The railroad network, which now spans more than 1,500 kilometers, was considered a masterpiece of engineering at the time. The journey over stone viaducts and steel bridges shows that the railroad has lost none of its charm to this day.

Black smoke mixed with the stench of diesel drifts over the moving carriages. In the curves, the sooty smell permeates all the way to the last compartments of the train. The interior has been reduced to the bare essentials: two rows of seats on the left and right and a rusty luggage rack above them. Although the thinly upholstered benches appear hard and uncomfortable at first glance, they turn out to be surprisingly comfortable. Next to the compartment's open door, a sign lettered in calligraphy indicates that the front two seats in the compartment are reserved for monks. There are no luxuries here, no dining car, and no electronics for entertainment. Not much has changed since the 1930s.

The railroad in Sri Lanka is indispensable for the island. Many places can only be reached by train. Some routes go directly along the coast by the sea. There, the train turns into a traveling movie theater in the evenings. From the window you can see impressive sunsets. The most famous route, however, runs straight through the highlands between Ella and Kandy. It is considered one of the most beautiful train routes in the world. Curve after curve, the train weaves its way through dense vegetation, past small villages, valleys, and waterfalls into an area where tea has been cultivated for more than 150 years. As far as the eye can see, lush green tea plants sprawl along the hills in gentle sweeps. Red, orange, and yellow spots of color glow in the midst of the fields. The Tamil women in their colorful saris can be seen from far away. Leaf by leaf, they harvest the tea and throw the leaves into large cloth bags fastened with a band over the top of their heads. Their hand movements are deft and precise—two leaves and one bud per shoot, that's the rule that has a tradition as long as the Ceylon tea itself. The top leaves have all the flavor that makes this tea so special. It tastes tart, slightly malty, and is reminiscent of fresh citrus fruit. Some of the women look up and smile as the train steams by. As they watch the carriages pass, their hands continue to pluck leaves from the bushes.

Glenloch, Heritance, Mackwoods, Bluefields—the names of the tea factories are emblazoned on the slopes in thick letters. Shortly thereafter, the train stops at a small station. The picturesque Victorian building bears witness to the British influence in this area. Dark lacquered wooden benches line the platform, while above is a white clock with ornate black hands. As a dog trots across the tracks next to the train cars, men and women approach carrying baskets and bags. They are selling freshly cut pineapple, spiced peanuts, popcorn with salty butter, samosas, small chili donuts, and vadas, which are tiny lentil fritters. In no time at all, one of the vendors uses a long knife to peel a mango and cut it into bite-sized pieces before passing it to a woman on the train. The monkeys—already eagerly waiting at the stations—quickly snatch the scraps of the fruit. Moments later, the conductor waves a green cloth out the window. A shrill whistle sounds, and the iron monster starts moving again.

Back when steam locomotives ushered in a new era, the heavy, ponderous trains were the fastest means of transportation of their time and could reach speeds in excess of 30 km/h. On many routes today, the express train is hardly any faster. Traveling by train is an ode to slowing down, far from any hustle and bustle, and that is precisely what makes it so appealing. Who wants to barrel through the island at top speed anyhow when the Garden of Eden is right outside your window? After all, as the saying goes: "The road to heaven leads past a cup of tea."

DIE NINE ARCH BRIDGE
ist eine mächtige Viaduktbrücke aus der englischen Kolonialzeit, die inmitten von grünen Teefeldern liegt. Die Zugstrecke gilt zu Recht als eine der schönsten der Welt.

THE NINE ARCH BRIDGE
is an impressive viaduct bridge from the English colonial period situated in the middle of green tea fields. The train route is rightly considered to be one of the most beautiful in the world.

In the rhythm of the tides

DIE LETZTEN STELZENFISCHER SRI LANKAS

Ein warmer Wind weht vom Indischen Ozean und ein salziger Schleier legt sich auf die Haut der wenigen, die sich hierher verirren. Die Wellen bäumen sich in der Ferne auf. Rhythmisch rollen sie zur Küste, imposant und beruhigend zugleich. Die Bewegungen im Wasser lassen erahnen, wie stark die Strömung hier ist. Die einsame Bucht irgendwo zwischen Koggala und Weligama im Süden der Insel ist übersät mit flach gewaschenen Felsen.

Einige Surfer kennen diesen beschaulichen Ort. Die Brandung zieht sie magisch an. Andere kommen hierher zum Fischen. Es sind Männer mit hagerer Statur. Sarongs, traditionelle Wickelröcke umhüllen ihre Beine. Mit Angelruten aus Holz und Plastiktüten voll mit Fischresten waten sie durch die Brandung und schwingen sich auf die hölzernen Stäbe, die aus dem Wasser ragen. Abends ist ihre Zeit, denn die Gezeiten bestimmen den Erfolg. Kurz bevor die Sonne untergeht, beißen die Fische am besten.

Die singhalesischen Stelzenfischer sind ein Teil Kulturerbe Sri Lankas. Seit Jahrzehnten gehen sie mit einer einzigartigen Methode auf Fischfang: Auf dünnen, langen Holzpfählen, die sie unweit vom Ufer ins Riff schlagen, warten sie oft stundenlang auf ihren Fang. Sie schweigen und schauen in die Ferne, ab und zu schwingen sie lautlos ihre Angel. Auf ihren Stäben schweben sie wie über dem Wasser, tiefenentspannt und in sich ruhend. Fast bewegungslos sitzen sie da, damit die Fische sie nicht bemerken. Ritipanna nennt sich ihre Fangtechnik, mit der sie kleine Makrelen, Sardinen und winzige Heringe erbeuten.

Das Stelzenfischen entstand in der Zeit nach dem Zweiten Weltkrieg. Da es damals kein Geld für Boote oder große Ausrüstung gab, mussten sich die Männer mit einfachsten Mitteln eine Lebensgrundlage schaffen. Mit selbstgebauten Angelruten und langen Nylonfäden zogen sie los, um an der Küste zu fischen. Eine Methode, die aus der Not heraus geboren wurde und zu einem Wahrzeichen Sri Lankas wurde. Mittlerweile beißen kaum noch Fische an. Das Stelzenfischen reicht nicht mehr zum Leben, denn wer vom großen Fang träumt, muss mit dem Boot weit hinaus auf das Meer fahren. Die Tradition ist in Gefahr. So ragen heute an vielen Stränden im Süden leere Stelzen aus dem Wasser. Wie ein Friedhof erinnern sie an die glorreichen Zeiten des Ritipanna.

Und doch gibt es noch Männer, die an diesem Abend auf ihre Stelzen klettern und dünne Nylonschnüre ins seichte Wasser werfen. Sie halten an dem fest, was sie von ihren Vätern und Großvätern gelernt haben. Wie jeden Abend sitzen sie schweigend auf ihren Stäben und schauen in die Ferne. Ab und zu schwingen sie lautlos ihre Angel.

THE LAST STILT FISHERMEN OF SRI LANKA

A warm wind blows from the Indian Ocean, and a salty veil settles on the skin of the few who stray here. Waves rise in the distance. Rhythmically they roll in to the coast, imposing and calming at the same time. The movements in the water give an idea of just how strong the current is here. The lonely bay somewhere between Koggala and Weligama in the southern part of the island is dotted with rocks that have been worn flat through erosion.

Some surfers know this tranquil place; for them, the surf holds a magical attraction. Others come here to fish. The fishermen are gaunt. Sarongs, traditional wraparound skirts, envelop their legs. With wooden fishing rods and plastic bags full of fish scraps, they wade through the surf and swing up onto the wooden poles that stick out of the water. Evenings is their time, because the tides determine success. The fish bite the best just before the sun sets.

The Sinhalese stilt fishermen are part of Sri Lanka's cultural heritage. For decades they have been using a unique method to catch fish: On long, thin wooden stakes, which they drive into the reef not far from shore, they often wait for hours for their catch. In silence they gaze into the distance, now and then soundlessly swinging their fishing rods. On their stilts, they seem to float above the water, deeply relaxed and at peace within themselves. They sit nearly motionless so the fish do not notice them. Ritipanna is the name of their fishing technique, which they use to catch small mackerel, sardines, and tiny herring.

Stilt fishing originated in the period after World War II. Since there was no money back then for boats or major equipment, the men had to make do with the simplest means to create a livelihood for themselves. With homemade fishing rods and long nylon threads, they set out to fish along the coast. It was a method born of necessity that became a Sri Lankan landmark. Now, however, hardly any fish are biting. Stilt fishing is no longer enough to live on, because those who dream of a big catch have to take a boat far out to sea. The tradition is in danger. Today, empty stilts rise out of the water on many beaches. Like a graveyard, they are a reminder of the glorious days of Ritipanna.

And yet there are still men who climb onto their stilts on this evening and cast thin nylon lines into the shallows. They are holding onto what they learned from their fathers and grandfathers. As they do every evening, they sit silently on their poles and gaze into the distance. And, now and then, they soundlessly swing their fishing poles.

»On their stilts, they seem to float above the water, deeply relaxed and at peace within themselves.«

DIE LEEREN PFÄHLE DER STELZENFISCHER ragen wie Friedhofskreuze aus dem Wasser. Sie erinnern an die aussterbende Tradition des Rittipana, einer ursprünglichen Fangmethode auf Sri Lanka.

THE EMPTY POLES OF THE STILT FISHERMEN rise out of the water like crosses in a graveyard. They are a reminder of the dying tradition of rittipana, an original fishing method in Sri Lanka.

45

China

Wer nicht nur reisen möchte, sondern dabei in eine ganz andere Welt eintauchen will, der ist in China genau richtig. Das Land ist so vielfältig wie kaum ein anderes: von pulsierenden Megastädten, beeindruckenden Berg- und Flusslandschaften, endlosen Steppe und Wüsten und kulturellen Besonderheiten jeder einzelnen Provinz. So riesig das Land ist, so groß sind auch die Möglichkeiten. Man kann sich in Städten von Menschenmassen treiben lassen, auf dem Land in kleinen Garküchen speisen, auf wolkenverhangene Berge wandern, tibetische Tempelanlagen erkunden oder mit Einheimischen tanzen und singen. Egal wohin man im Land der Superlative reist - es ist ein Potpourri an Eindrücken. Eines steht fest: Wer wenig Zeit hat, wird wohl nochmal kommen müssen.

If you would like to immerse yourself in a completely different world in addition to traveling, then China is the right place for you. The country is more diverse than almost any other: from vibrant megacities, impressive mountain and river landscapes, endless steppes and deserts, and the cultural features of each individual province. As vast as the country is, so too are the possibilities. You can drift with crowds in cities, eat at small food stalls in the countryside, hike up cloud-covered mountains, explore Tibetan temples, or sing and dance with locals. No matter where you travel in the land of superlatives, you will encounter a potpourri of impressions. One thing is for sure: If you don't have much time, you will simply have to visit again.

DAS HUANG SHAN GEBIRGE
in der Provinz Hanui ist bekannt für seine bizarren Formen und steil aufragenden Felsen, die oft von mystisch anmutenden Wolken verschleiert werden. Für die Besucher gibt es mittlerweile Seilbahnen, der Materialtransport für die Gasthöfe jedoch erfolgt oft mühsam über die Treppen.

THE HUANG SHAN MOUNTAINS
in Hanui Province are known for their bizarre shapes and steeply towering cliffs, which are often veiled by mystical-looking clouds. There are now cable cars for visitors, but but materials for the inns are still laboriously transported via stairs.

DIE KLEINE ORTSCHAFT TANGKOUZHEN
in der Provinz Anhui ist ein möglicher Ausgangspunkt für den Besuch des Huangshan-Gebirges. Außerhalb der touristischen Saison ist die die kleine Stadt wie ausgestorben.

THE SMALL VILLAGE OF TANGKOUZHEN
in Anhui Province is a possible starting point for visiting the Huangshan Mountains. Outside the tourist season, the small town is almost deserted.

徽菜楼
艺术珍宝
博物馆
秀嫂
挞馃
馄饨
XIU SAO TA GUO
台湾卫视推荐
传承
木耳炒蛋15元
请勿泊车
NO PARKING
请勿泊车
NO PARKING

徽梦菜馆
徽菜楼
康源茶行
黄山佬
特産
旗舰店
徽菜
平猴魁
订餐热线:15215

Sweet words of wisdom

WAS DER GLÜCKSKEKS ÜBER CHINA VERRÄT

„Es gibt Grenzen, die man überschreiten muss, um die Welt zu verstehen", steht auf dem kleinen weißen Zettelchen. Weise Worte, inspiriert von chinesischen Gelehrten oder Philosophen. Wer den knusprigen mondförmigen Keks in der Mitte aufbricht, erwartet mit Spannung die Botschaften seines Glückskekses. Neben der Peking-Ente süß-sauer, knuffigen Panda-Babys und billigem Plastik-Krimskrams gilt er bei vielen als ein Inbegriff von China. Was kaum jemand weiß: obwohl man sie mit China verbindet, wurden die Glückskekse eigentlich in den USA erfunden. Auf alle Fälle aber hat es das philosophische Gebäck überall auf der Welt hinein in unsere Münder und Herzen geschafft. China selbst hat bei vielen Reisenden nach wie vor ein Imageproblem: Zu groß, zu laut, zu anders. Es ist ein Land das polarisiert. Von außen wirkt es oft unnahbar und schwer zu durchschauen. Das könnte vor allem daran liegen, dass wir relativ wenig darüber wissen – abseits von politischen Querelen und kritischen Schlagzeilen mit Blick auf das Weltgeschehen. Wer noch nie da war, dem würde der Glückskeks an dieser Stelle raten: „Wer alles glaubt, was er liest, sollte besser aufhören zu lesen." Welche Botschaft verrät der Keks noch über das riesige Reich der Mitte?

Die Chinesen preschen mit voller Kraft in Richtung Zukunft – das gilt vor allem beim technologischen Fortschritt. „Der Schlaue denkt an die Zukunft, der Tölpel an die Gegenwart", steht passend dazu im Keks. Dabei nehmen Menschen moderne Neuerungen wie selbstverständlich an: Elektroautos im Kampf gegen den Smog, Künstliche Intelligenz zur Auswertung von Überwachungsdaten gegen Kriminalität oder Virtuelle Realitäten gegen Langeweile. Letzteres lässt sich live in Guizhou, im größten VR-Vergnügungspark der Welt erleben. Freizeitaktivität ebenso wie der Alltag der Chinesen ist stark digital geprägt. Ob jung oder alt, jeder, der imstande ist, ein Smartphone zu halten, besitzt auch ein Sho ji, übersetzt: Handgerät. Vor allem das Bezahlen läuft kaum noch analog ab. Jeder Straßenhändler oder Gemüseverkäufer hat einen Barcode bei sich. Handy zücken, Bildschirm scannen, Ware bezahlen. So einfach ist das. Wer nicht die entsprechenden Apps installiert hat und trotzdem mit Bargeld bezahlt, fühlt sich schnell wie ein Zeitgenosse aus der Ming-Dynastie.

Als Reisender digital unterwegs zu sein, kann hier allerdings zur Herausforderung werden. Das liegt vor allem an der „Great Firewall of China". Diese verwehrt den Zugriff auf die meisten westlichen Seiten, Apps und Dienste. Die Liste der verbotenen Dinge im Internet ist lang. Wer nicht auf die chinesische Variante von Google, Facebook, Instagram oder WhatsApp umsteigen will, für den gilt: „Verwandle große Schwierigkeiten in kleine und kleine in gar keine."

Abgesehen von all den digitalen Neuerungen, die China heutzutage entwickelt, gab es bereits in der Vergangenheit eine Reihe von Erfindungen, die das Leben der Menschen dort radikal verändert haben. Das Land hat eine nicht enden wollende Liste an Errungenschaften Made in China, wie zum Beispiel das Papier, Porzellan, Seide und den Kompass. Auch heute noch zeigen die zahlreichen Patenteinreichungen des Landes, dass der chinesische Erfinderwahn noch lange nicht gesättigt ist. „Wenn der Wind der Veränderung weht, bauen die einen Mauern und die anderen Windmühlen." Das gilt vor allem für den chinesischen Pioniergeist.

Im Kontrast zum wissenschaftlichen und technologischen Fortschritt steht der chinesische Aberglaube. Denn: „Wer ans Glück glaubt, zieht es herbei." Tieren, Symbolen, Farben und besonders Zahlen wird große Bedeutung zugeschrieben. Einerseits verehren die Chinesen die Zahlen Acht und Sechs, die für Reichtum und Erfolg stehen. Wer ein paar Mal nach dem WLAN-Passwort fragt, wird sich nicht wundern, dass es fast immer eine Kombination aus diesen Ziffern ist. Andererseits gibt es in kaum einem Aufzug einen Knopf für die vierte Etage, da die Vier für großes Unglück steht und gemieden wird.

Glück und Unglück liegen ebenso nahe beieinander wie Hochgenuss und Ekel. Demnach gilt: "Es gibt niemanden, der nicht isst und trinkt, aber nur wenige, die den Geschmack zu schätzen wissen." Das westliche Empfinden für gutes Essen unterscheidet sich dann doch oft deutlich von dem der Chinesen. Letztere jedenfalls essen gerne alles, was am Tier dran ist: Fischköpfe, Hühnerbeine oder Entenhälse. Je lauter beim Essen geschmatzt wird, desto besser schmeckt es.

Es ist also alles eine Frage des Geschmacks. Man kann China sehen wie man will: faszinierend und aufregend oder ekelhaft und verstörend. Das Reich der Mitte ist eine Achterbahnfahrt zwischen alten Traditionen und neuen Ideen, analogem und digitalem Leben, zwischen Aberglauben und Zukunftsdenken. Wer das Land einmal erlebt hat, weiß, dass es abseits von Vorurteilen und Klischees unglaublich viel zu bieten hat. Oder um es mit einer letzten Glückskeks-Weisheit zu sagen: „Die Freude ist überall. Es gilt nur, sie zu entdecken."

WHAT FORTUNE COOKIES REVEAL ABOUT CHINA

"There are boundaries that must be crossed to understand the world," is written on a small white slip of paper. Wise words, inspired by Chinese scholars or philosophers. Those who break these crispy, moon-shaped cookies in half eagerly look forward to the messages of their fortune cookie. Along with Peking duck with sweet & sour sauce, cuddly baby pandas, and cheap plastic trinkets, many consider fortune cookies to be the epitome of China even though they were actually invented in the USA. In any case, the philosophical cookie has made it into all our mouths and hearts.

China itself still has an image problem for many travelers, who consider it to be too big, too loud, and too different. It is a country that polarizes. From the outside, it often seems unapproachable and difficult to understand. This could be mainly due to the fact that we know relatively little about it—apart from political squabbles and critical headlines with a focus on world events. For those who have never visited China, the fortune cookie would advise the following: "If you believe everything you read, you'd better stop reading." What other message might a fortune cookie reveal about the vast Middle Kingdom?

The Chinese are pressing full speed ahead toward the future—this is especially true when it comes to technological progress. "Wise people think of the future, while idiots think of the present," says the cookie, appropriately enough. Yet people take modern innovations for granted: electric vehicles in the battle against smog, artificial intelligence for analyzing surveillance data to combat crime, and virtual reality to counter boredom. You can experience the latter for yourself in Guizhou at the largest VR amusement park in the world. Digital technology has profoundly shaped recreational activities as well as the everyday life of the Chinese. Whether young or old, anyone who is capable of holding a smartphone also owns a sho ji, which translated means a handheld device. Analog payment methods in particular are hardly ever used anymore. Every street vendor and vegetable seller carries a barcode. To pay for the goods, all you need to do is pull out your cell phone and scan the screen.

It's that simple. If you don't have the appropriate apps installed and still pay with cash, you'll soon start to feel like someone from the Ming dynasty.

However, travelers might find it a challenge to access the Internet here. This is mainly due to the "Great Firewall of China." It denies access to most Western sites, apps, and services. The list of prohibited things on the Internet is long. If you don't want to switch to the Chinese version of Google, Facebook, Instagram, or WhatsApp, the following applies: "Turn big difficulties into small ones, and small ones into none at all."

Apart from all the digital innovations that China is developing nowadays, it can look back on a range of past inventions that have radically changed the lives of people there. The country has a never-ending list of "Made in China" achievements, such as paper, porcelain, silk, and the compass. Even today, the country's numerous patent filings show that the Chinese craze for inventions is far from being satisfied. "When the winds of change blow, some build walls while others build windmills." This is especially true of the Chinese pioneering spirit.

Chinese superstitions stand in stark contrast to the country's scientific and technological advances. After all, "Those who believe in luck attract it." People ascribe great significance to animals, symbols, colors, and especially numbers. On one hand, the Chinese revere the numbers eight and six, which represent wealth and success. After you ask for the wireless password a few times, you will not be surprised that it is almost always a combination of these digits. On the other hand, you would be hard pressed to find a button for the fourth floor in any elevator, because the number four stands for great misfortune and is avoided.

Luck and misfortune are just as close together as delight and disgust. Accordingly: "Although everyone eats and drinks, there are only few who appreciate the taste." The Western interpretation of good food is often quite different from that of the Chinese. The latter, at any rate, like to eat everything that's on the animal: fish heads, chicken feet, and duck necks. The louder the chewing, the better it tastes.

So it's all a matter of taste. You can see China however you like: as fascinating and exciting or disgusting and disturbing. The Middle Kingdom is a roller coaster ride between old traditions and new ideas, between analog and digital life, between superstition and future-oriented thinking. Anyone who has experienced the country knows that, beyond prejudices and clichés, it has an incredible amount to offer. Or to put it in the words of one last fortune cookie: "Joy is everywhere. You just have to find it."

»Joy is everywhere. You just have to find it.«

DIE PUDONG SKYLINE
mit Blick auf den Wirtschafts- und High-Tech-Bezirk der riesigen Metropole Shanghai. Links der Pearltower und rechts der Shanghai-Tower, das höchsten Gebäude Chinas mit 632m Höhe.

THE PUDONG SKYLINE
with a view of the economic and high-tech district of the huge metropolis of Shanghai. On the left is the Pearl Tower and on the right the Shanghai Tower, the tallest building in China measuring 632 meters in heigh.

金馬坊
中国昆明

ZUCKERKUNST
ist eine Volkskunst aus Sichuan, die bereits auf eine über 400-jährige Geschichte zurückblickt. Flüssiger Zucker wird hier wie Tusche zum Malen verwendet oder in filigrane Skulpturen gegossen.

SUGAR ART
is a folk tradition from Sichuan, which looks back on more than 400 years of history. Here, liquid sugar is used like ink for painting or poured into filigree sculptures.

Behind the lost horizon

DER MYTHOS SHANGRI-LA

Es gibt eine Gegend, die so schön ist, wie ihr Name selbst: „Das Land südlich der Wolken". So wird die Provinz Yunnan im äußersten Südwesten Chinas genannt. Die letzten Ausläufer des Himalayas und die weiß umzuckerten Gipfeln geben der chinesischen Provinz tatsächlich das Ansehen eines Wolkenreichs. Im Norden grenzt das Gebiet an das tibetische Hochplateau und wird von den Einheimischen als Klein-Tibet beschrieben. Im Süden hingegen grenzt die Region an dichten Dschungel und tropischen Urwald. Eingebettet zwischen Vietnam, Laos und Myanmar ist das Gebiet in jeglicher Hinsicht ein magischer Ort. Mit seinen schimmernden Reisterrassen und grünen Hügeln, einem jahrtausendealten Steinwald, der tiefsten Schlucht der Welt und den geschichtsträchtigen Städten Lijiang und Dali, ist Yunnan eine kulturelle Schatztruhe voller Mythen und Legenden.

In dieser Provinz glaubt man, die geheimnisvolle Stadt Shangri-La gefunden zu haben - die der englische Autor James Hilton in seinem Roman Lost Horizon vor rund 90 Jahren beschrieb. Vor seinem Tod behauptete er, dass es den mysteriösen Ort rund um die rätselhafte Stadt wirklich gegeben hätte und hinterließ so ein geheimnisvolles Mysterium. In seinem Buch beschrieb Hilton, dass alle Menschen, die sich an diesem Ort im Himalaya aufhalten, hunderte Jahre alt werden. Sie lesen, meditieren und leben in einer Art himmlischen Frieden miteinander - ein Utopia auf Erden. So kam es, dass in den folgenden Jahrzehnten, Wissenschaftler, Geschichtsforscher und Sinnsucher sich immer wieder auf die Suche machten nach dem geheimen Ort, an dem die vermeintlich glücklichsten Menschen der Welt in Harmonie zusammenlebten.

Als der Tourismus in China später zum Wirtschaftsfaktor wurde, kamen Gerüchte auf, dass das verborgene Land rund um Shangri-La gefunden wurde. Provinzielle Beamte im Norden Yunnans hätten alte, vergilbte Dokumente gefunden, die bestätigen, dass die Stadt, die jeder sucht, sich hier befindet. Und nur hier. So ließ Peking den Ort kurzerhand von Zhongdian, in Shangri-La umbenennen. Damit soll die jahrzehntelange Suche ein Ende haben. Das mystische Shangri-La wurde zum chinesischen Eldorado; die goldene Stadt, die die Kassen der Provinz füllen soll.

Was ist jedoch aus dem chinesischen Paradies auf Erden geworden? Ist es wirklich die Stadt, die Hilton in seinem Buch beschrieb?

Eingebettet inmitten gewaltiger Berge auf einem Plateau über 3200 Metern hängen blaue Kälteschwaden über die Stadt. Es ist ein kühler Märztag. An diesem frühen Morgen glitzert im Licht der ersten Sonnenstrahlen der Frost auf den kopfsteingepflasterten Gassen von Shangri-La. Langsam

MORGENFROST AUF DEN DÄCHERN von Shangri-La im Nordwesten der Provinz Yunnan. Die Stadt liegt auf dem Weg nach Tibet und befindet sich auf über 3.000 Meter Höhe.

MORNING FROST ON THE ROOFS of Shangri-La in the northwest of Yunnan province. The city is on the way to Tibet and is located at an altitude of over 3,000 meters.

erwacht die Stadt zum Leben, die Menschen kommen aus ihren Häusern. Ein großer zotteliger Hund liegt vor den Türen eines Teeladens und beobachten phlegmatisch das frühe Treiben der Straße. Vermummt hinter einem dicken Wollschal, schiebt eine stämmige Frau mit roten Wangen die schweren Holzpaneele ihrer Ladentür zur Seite und sortiert daraufhin ihre Filz-Souvenirs aus Yak-Wolle in ihrer Auslage. Nebenan grüßt ein Verkäufer, der in seinem Geschäft runde in Papier gewickelte Teekuchen anbietet, mit einer dampfenden Tasse Pu-Erh Tee. In den morgendlichen Gassen von Shangri-La herrscht eine idyllische Atmosphäre, fernab von Hektik und Eile.

Viele der Bewohner in der Stadt haben tibetische Wurzeln und sind Buddhisten. Einige davon pilgern regelmäßig zum Guishan Tempel, der auf einem Hügel inmitten der Altstadt errichtet wurde. Dort steht eine der größten Gebetsmühlen der Welt, die mit ihren 21 Metern Höhe über den schindelgedeckten Dächern der Altstadt thront. Wie frisch in ein Goldbad getaucht erinnert sie mit ihrer glänzenden Krone an einen riesigen, opulenten Kelch. Gutes Karma soll sie all denen bringen, die sie im Uhrzeigersinn drehen. Das ist leichter gesagt als getan, denn das sechzig Tonnen Ungetüm kann niemand so leicht in Bewegung setzen. Verzweifelt versuchen es einzelne und zerren wie verrückt an der Reling der Mühle. Ohne großen Erfolg. Als schließlich mehrere Leute gleichzeitig in eine Richtung ziehen, bewegt sie sich ächzend um ihre Achse. Jubelnd kreiseln die Leute um die rotierende goldene Säule. Die Botschaft der Mühle ist klar: sie bringt die Menschen zusammen. Gemeinsam laufen Chinesen, Tibeter und Besucher für ein Gebet um die goldene Mühle, erstaunt über ihre gemeinsame Leistung. Auch von den Gassen der Stadt aus kann man die Mühle bestaunen und beobachten, wie sie von den Menschen gedreht wird. Man möchte glauben, dass dieser spirituelle Ort tatsächlich der Beschreibung des Buches von Hilton nahekommt.

An diesem Abend hüllt die Dämmerung den spärlich besuchten Hauptplatz der Altstadt in blaues Licht. Vor dem Teehaus sitzen drei Männer um einen kleinen Tisch. Dampfende Tonbecher wärmen ihre Hände, während das Murmeln ihrer Gespräche die Stille des Platzes füllt. Mit der Zeit scharen sich einige Frauen auf dem Platz zusammen und bilden einen ausladenden Kreis. Viele von ihnen tragen lange, schwarze Röcke mit blauen Schürzen und auffallend farbige Kopfbedeckungen. Als die Dämmerung hereinbricht und die goldgelben Lichter den Platz erhellen, ertönt aus den Lautsprechern des Sifangjie-Marktplatzes rhythmische Musik und die Frauen fangen an, sich im Kreis zu bewegen. Ihre Bewegungen sind erstaunlich synchron und sie singen und tanzen fröhlich zu der traditionellen Musik, der man sich nur schwer entziehen kann. Immer mehr Menschen strömen aus den Gassen hierher, um sich das Spektakel anzusehen. Die Ausgelassenheit und Begeisterung stecken an und schon bald ist der Platz gefüllt von dutzenden Menschen, die miteinander tanzen und die schaukelnden Bewegungen der Frauen nachahmen. Innerhalb kürzester Zeit verwandelt sich der kleine ruhige Ort vor dem Teehaus in eine euphorische Kulisse, in einen Moment purer Freude. „Es ist ein Stück vom Glück", wie James Hilton schrieb – als wäre dieser Ort tatsächlich das vermeintlich glückliche Shangri-La aus dem Buch. Ein Kleinod, das dem Paradies nahekommt. Zumindest in diesen Augenblick.

THE MYTH OF SHANGRI-LA

There is a place that is as beautiful as its name itself: "The land south of the clouds." This is what the province of Yunnan in the far southwest of China is called. The last foothills of the Himalayas and the snowy peaks truly do give the Chinese province the appearance of a cloud kingdom. To the north, the area borders the Tibetan plateau and is described by locals as Little Tibet. By contrast, in the south the region borders on dense, tropical jungle. Nestled between Vietnam, Laos, and Myanmar, the area is a magical place in every sense of the word. With its shimmering rice terraces and green hills, a stone forest thousands of years old, the deepest gorge in the world, and the historic cities of Lijiang and Dali, Yunnan is a cultural treasure chest full of myths and legends.

People believe they have found the mysterious city of Shangri-La in this province—the one described by English author James Hilton in his novel Lost Horizon some 90 years ago. Before his death, he claimed that the mysterious place surrounding the enigmatic city really existed, leaving

EINE DER GRÖSSTEN GEBETSMÜHLEN DER WELT
steht in Shangri-La. Es braucht mehrere Menschen gleichzeitig, um sie in Bewegung zu setzen.

ONE OF THE LARGEST PRAYER WHEELS IN THE WORLD
stands in Shangri-La. It takes several people moving in tandem to set it in motion.

behind a tantalizing mystery. In his book, Hilton described that all people who stay in this place in the Himalayas live to be hundreds of years old. They read, meditate, and live together in a kind of heavenly peace—a utopia on earth. In the decades that followed, scientists, historians, and those seeking meaning set out again and again in search of the secret place where reputedly the happiest people on earth lived together in harmony.

When tourism later became an economic factor in China, rumors started that the hidden land around Shangri-La had been found. Provincial officials in northern Yunnan had supposedly found old, yellowed documents confirming that the city that everyone had been looking for was there. And only there. Without further ado, Beijing had the place renamed from Zhongdian to Shangri-La. The move was intended to put an end to decades of searching. The mystical Shangri-La became the Chinese El Dorado—the golden city that would hopefully fill the coffers of the province.

Is it really the city described in Hiltons book?

Nestled amidst towering mountains on a plateau situated at an altitude of over 3,200 meters, blue clouds of cold hang above the city. It is a chilly March day. On this early morning, frost glistens on the cobblestone streets of Shangri-La in the sun's first rays of light. The city slowly comes to life, and people emerge from their houses. A large shaggy dog lies outside the doors of a tea store, impassively watching the early morning activity in the street. Swathed in a thick woolen scarf, a stout woman with red cheeks slides open the heavy wooden panels of her store door and begins sorting the felt souvenirs made of yak wool in her display. The shop next door sells round paper-wrapped tea cakes, and the vendor there welcomes customers with a steaming cup of pu-erh tea. An idyllic atmosphere can be found in the morning streets of Shangri-La, far from the hustle and bustle.

Many of the city's residents have Tibetan roots and are Buddhists. Some of them make regular pilgrimages to Guishan Temple, built on a hill in the middle of the old town. It is home to one of the largest prayer wheels in the world, towering 21 meters above the shingled roofs of the old town. As if freshly dipped in a gold bath, with its shining crown it is reminiscent of a huge, opulent chalice. It is supposed to bring good karma to all those who turn it clockwise. That is easier said than done, however, because it is no easy feat to set the sixty-ton monster in motion. Individuals try desperately, tugging like crazy on the railing of the wheel—without much success. Only after several people finally start pulling in one direction at the same time does it start turning on its axis, groaning. Cheering, people circle around the rotating golden column. The message of the prayer wheel is clear: It brings people together. Together, Chinese, Tibetans, and visitors all walk around the golden wheel for a prayer, amazed at what they have achieved together. You can even marvel at the prayer wheel from the streets of the city and watch it being turned by people. It would be nice to believe that this spiritual place actually comes close to the description in Hilton's book.

On this evening, twilight shrouds the sparsely visited main square of the old town in blue light. Three men sit around a small table in front of the tea house. Steaming clay cups warm their hands as the murmur of their conversation fills the silence of the square. As time passes, some women gather in the square and form a sprawling circle. Many of them are wearing long, black skirts with blue aprons and strikingly colored headdresses. As dusk falls and the golden lights illuminate the square, rhythmic music blares from the loudspeakers in the Sifangjie marketplace and the women begin to move in a circle. Their movements are amazingly synchronized, and they happily sing and dance to the traditional music that is hard to resist. More and more people stream out of neighboring streets to watch the spectacle here. The exuberance and enthusiasm are infectious, and soon the square is filled with dozens of people dancing together and imitating the swaying movements of the women. In no time, the small, quiet place in front of the tea house has transformed into a euphoric setting, into a moment of pure joy. "It's a piece of happiness," as James Hilton wrote—as if this place actually were the happy Shangri-La from the book. A gem that comes close to paradise—in this moment, at least.

YESTERDAY ONCE MORE
COFFEE
琉璃饰品

月光客栈

»There is a place that is as
beautiful as its name itself:
The land south of the clouds.«

DAS GANDEN SONGZANLIN KLOSTER
einige Kilometer nördlich von Shangri-La ist ein tibetisch-buddhistischer Tempel. Der Komplex wirkt wie eine Ansammlung alter vergoldeten Paläste - von dem Hauptgebäude in der Mitte kann man den Blick über die weite Landschaft sowie die angrenzenden Ausläufer des Himalayas schweifen lassen.

THE GANDEN SONGZANLIN MONASTERY
a few kilometers north of Shangri-La is a Tibetan Buddhist temple. The complex looks like a collection of old gilded palaces—from the main building in the center you can look out over the vast landscape as well as the adjacent foothills of the Himalayas.

ODER BLACK DRAGON POOL.
im Jade Spring Park in Lijiang harmoniert perfekt mit der chinesischen Architektur und der umliegenden Natur – ein beliebter Ort der Ruhe.

THE BLACK DRAGON POOL
in Jade Spring Park in Lijiang harmonizes perfectly with the Chinese architecture and the natural surroundings—a popular place place of tranquility.

DIE ALTSTADT VON LIJIANG IN DER PROVINZ YUNNAN ist geprägt von Kopfsteinpflastergassen, mit Blumen dekorierten Holzhäusern und den typisch geschwungenen Ziegeldächern. Hinter den Häusern verlaufen unzählige Wasserkanäle, über die kleine Brücken führen. Die alte Königsstadt lag einst auf einer alten Handelsroute, durch die Gewürz- und Tee-Karawanen zogen, und vieles erinnert bis heute an diese Zeit.

THE OLD TOWN OF LIJIANG IN THE PROVINCE OF YUNNAN is characterized by cobblestone alleys, wooden houses decorated with flowers, and the typical curved tiled roofs. Behind the houses run countless water channels, over which small bridges lead. The old royal city once lay on an ancient trade route through which spice and tea caravans passed, and much still reminds us of this time.

79

Mongolia

Die Mongolei ist das am dünnsten besiedelte Land der Welt. Zwei Menschen leben durchschnittlich auf einem Quadratkilometer, von denen rund ein Drittel noch immer als Nomaden durch die ehemaligen Steppen des Dschingis Khan streifen. Endlose Weiten und wilde Natur prägen die Landschaft. Sanfte Hügel, die bis zum Horizont reichen, raues Buschland, schroffe Berge und hundert Meter hohe Sanddünen machen den Charme der Mongolei aus. Mit seinen kristallklaren Seen und kargen Felswüsten offenbart sich draußen in der Natur das wahre Herz des Landes. Allgegenwärtig ist das Gefühl von Freiheit. Es begleitet einen in jede Ecke des Landes, egal ob mit dem Van durch die Wüste der Gobi oder zu den Rentiernomaden an der sibirischen Grenze. Beinahe unberührt präsentiert sich die Mongolei als ein weit entfernter Ort, an dem man das Ursprüngliche und Atemberaubende findet.

Mongolia is the most sparsely populated country in the world. Two people on average live per square kilometer, about a third of whom still roam the former steppes of Genghis Khan as nomads. Endless expanses and wild nature characterize the landscape. Gentle hills that reach to the horizon, wild scrubland, rugged mountains, and sand dunes hundreds of meters high are part of Mongolia's charm. With its crystal clear lakes and barren rocky deserts, the true heart of the country is revealed out in nature. The feeling of freedom is everywhere. It accompanies you to every corner of the country, whether you're traveling by van through the Gobi desert or to the reindeer nomads at the Siberian border. Almost untouched, Mongolia presents itself as the faraway place where you can find the original and breathtaking.

EIN BUDDHISTISCHER MÖNCH IN KARAKORUM zieht einsam seine Runde in der ehemaligen mongolischen Hauptstadt des Dschingis Khan.

A BUDDHIST MONK IN KARAKORUM makes his lonely rounds in the former Mongolian capital of Genghis Khan.

←

BEGEGNUNG MIT EINEM NOMADENMÄDCHEN
in traditioneller Deel-Kleidung. Der Mantel wird im Uhrzeigersinn gewickelt und am Kragen zugeknöpft. Er schützt vor Sonne, Wind und Kälte und wird im Winter innen mit Tierfellen isoliert.

ENCOUNTER IN TRADITIONAL CLOTHING
in traditional Deel clothing. The coat is wrapped clockwise and buttoned at the collar. It protects from the sun, wind, and cold, and and in the wintertime, animal pelts are added to the inside for insulation.

TOSENDE WASSERMASSEN INMITTEN DER STEPPE
stürzen sich 25 Meter in die Tiefe. Vor 20.000 Jahren wurde der Wasserfall von einem Erdbeben und Vulkaneruption geformt.

THUNDERING WATER IN THE MIDST OF THE STEPPES
cascades 25 meters down into the depths. 20,000 years ago, the waterfall was formed by an earthquake and volcanic eruption.

Nomadic at heart

MIT DEM VAN DURCH DIE WÜSTE GOBI

Mit stolz geschwellter Brust steht Norovoo neben seinem taubengrauen Van – seiner „Maschin". Auf Mongolisch heißt „Maschin" soviel wie fahrbarer Untersatz. Das Geländeauto ist der wertvollste Besitz des kleinen stämmigen Mongolen. In jahrelanger Kleinstarbeit hat er dem Gefährt Feinschliff verpasst und es in Schuss gebracht. Er hat die Rostflecken abgeschliffen, die Felgen aufpoliert und den Innenraum wohnlich gemacht. Und er achtet akribisch darauf, dass das so bleibt.

Die beiden sind ein eingespieltes Team und zusammen hunderttausende Kilometer durch die Mongolei gereist. Norovoos wettergegerbte, dunkelbraune Haut zeugt von dieser Zeit draußen in der Natur und in sein Gesicht haben sich über die Jahre viele Falten gegraben. Er ist Ende fünfzig und war beinahe die Hälfte seines Lebens in seinem Van unterwegs. Als Fahrer für Reisende aus aller Welt kennt er seine Heimat wie kein anderer. Gerne zeigt er auf seinem alten zerkratzen Handy Fotos von Begegnungen mit Adlerjägern im Altaigebirge, wilden Przewalskipferden und seinen Reitkünsten als junger Mann. Wenn zwischendurch Bilder seiner Familie, seiner Tochter oder seiner Frau auftauchen, huscht ein bescheidenes Lächeln über sein Gesicht. Auch die „Maschin" hat er auf mehreren Fotos festgehalten. Viele davon sind verpixelt oder verwackelt. Trotzdem leuchten seine Augen voller Stolz.

Über Jahre hinweg hat Norovoo gelernt, auf kleinste Details in der Umgebung zu achten, um sich zurechtzufinden. Er fährt ohne jegliche Navigationshilfe und orientiert sich an Erhebungen in der Landschaft, Bäumen oder Spuren im Boden. Präzise wie ein Kompass steuert er seinen Van durch anspruchsvolles Terrain, das beiden einiges abverlangt – mit 80 km/h Höchstgeschwindigkeit auf den verwitterten Asphaltstraßen und mit durchschnittlichen 20 km/h auf den Geländepisten der mongolischen Steppe. Seine breiten Schultern sind das Ergebnis langer kräfteraubender Fahrmanöver ohne Servolenkung.

Der UAZ-452 ist ein nostalgisch anmutender Geländebus und kommt aus dem benachbarten Russland. So robust er auch gebaut ist, so wenig glänzt er mit moderner Technik: keine elektronische Fahrunterstützung, ein simpler Tacho mit Kilometeranzeige und bis auf ein nachträglich eingebautes Kassetten-Radio Verzicht auf jegliches Infotainment. Puristischer könnte der Wagen im 1960er-Jahre-Design kaum sein. Dafür ist der russische „Bulli" beinahe unkaputtbar und wirkt, als wäre er für die Ewigkeit gebaut. Sein Gerüst ist aus massivem Stahl, und an seiner Bauweise hat sich seit 1965 kaum etwas geändert. Der Motor sitzt unter einer Metallabdeckung zwischen den beiden Vordersitzen und heizt bei Hochtouren den ganzen Innenraum auf. Das ist nützlich, wenn das Wetter draußen rau und kalt ist. Im Sommer jedoch gleicht das Vehikel damit einer Offroad-Sauna. Was

EINE TANKSTELLE MITTEN IM NIRGENDWO und eine der letzten Möglichkeiten auf dem Weg in die Wüste Gobi Benzin zu beschaffen.

A GAS STATION IN THE MIDDLE OF NOWHERE and one of the last chances to get gasoline on the way to the Gobi desert.

РОВИС
ДТ
ПЕТРОВИС

zählt ist, dass sich der Motor schnell und effizient reparieren lässt und über die Abdeckung hat Norovoo direkten Zugriff von der Fahrerkabine aus.

In Anspielung auf seine längliche abgerundete Form wird das Modell im Ursprungsland auch liebevoll „Brotlaib" genannt. Außen wie innen ist der UAZ 452 funktional und auf das Notwendigste reduziert. Getreu dem Motto: Komfort ist, wenn man nicht stecken bleibt. Und falls das passiert, kennt Norovoo alle Handgriffe, um das Allrad-Vehikel wieder aus dem Dreck zu ziehen. Der Mongole ist ein alter Hase.

Bei jedem Stopp holt Norovoo ein altes, kariertes Tuch aus der mit Schmierflecken bespickten Jeans und wischt die Fenster und die Armaturen sauber. Kein Staubkorn hat in seinen Augen Anrecht auf längeres Verweilen. Wenn im Radio seine Lieblingsmusik ertönt, dreht er die Lautstärke hoch: dann dröhnt mongolischer Schlager aus der kleinen Anlage - eine Mischung aus Kehlkopfgesang und Modern Talking.

Für Norovoo ist es nicht nur ein Auto, sondern gleichzeitig sein Zuhause auf Zeit. Oft schläft er auf langen Touren auf der Rückbank, zugedeckt mit einer warmen Kamelhaardecke. Kleine Schiebevorhänge hat er vor den Fenstern montiert und dicke Filzmatten schützen die Sitze vor unschönem Abrieb. Die „Maschin" ist sein ganz persönlicher Schatz aus Blech und Stahl. Sie ist sein Allerheiligstes, mit der er im Herzen für immer ein mongolischer Nomade bleiben kann.

TRAVELING BY VAN THROUGH THE GOBI DESERT

Chest puffed out proudly, Norovoo stands next to his dove-gray van—his "maschin." In Mongolian, "maschin" essentially means mobile vehicle. The off-road vehicle is the most valuable possession of the small, stocky Mongolian. He has spent years putting the finishing touches on the vehicle and getting it into shape. He has sanded off the rusty spots, polished up the rims, and made the interior comfortable. And he meticulously makes sure it stays that way.

The two are a well-coordinated team and have traveled hundreds of thousands of kilometers through Mongolia together. Norovoo's weathered, dark-brown skin bears witness to the time he has spent outdoors in nature, and his face has developed a fine network of wrinkles over the years. He is in his late fifties and has spent nearly half his life traveling in his van. As a driver for travelers from all over the world, he knows his homeland like none other. He enjoys pulling out his old, scratched-up cell phone to show photos of his encounters with eagle hunters in the Altai Mountains, wild Przewalski's horses, and his riding skills as a young man. When pictures of his family, his daughter or his wife, appear in between, a modest smile flits across his face. He has also captured his van in a number of photos. Many of the images are pixelated or blurry. Nevertheless, his eyes light up with pride. Over the years, Norovoo has learned to pay attention to the smallest details in his surroundings in order to find his way. He drives without any navigational aid and orients himself by means of elevations in the landscape, trees, or tracks on the ground. As precise as a compass, he steers his van through challenging terrain that demands a lot from man and vehicle alike—at a top speed of 80 km/h on the weathered asphalt roads and an average of 20 km/h on the off-road tracks of the Mongolian steppe. His broad shoulders are the result of long, strenuous drives without power steering.

The UAZ-452 is a nostalgic-looking all-terrain van that comes from neighboring Russia. As ruggedly built as it is, it lacks all modern technology—it has no advanced driver-assistance systems. It comes equipped with a simple speedometer with kilometer display, and apart from a retrofitted radio cassette player, it has no infotainment of any kind. The vehicle could hardly be more purist in its 1960s-era design. On the other hand, the Russian "Bulli" is virtually indestructible and looks like it has been built to last forever. Its frame is made of solid steel, and hardly anything has been changed in its design since 1965. The engine sits under a metal cover between the two front seats and heats up the entire interior when running at full speed. This is useful when the weather outside is harsh and

60
100
120
140
160
km/h

←

DIE BRENNENDEN KLIPPEN VON BAJANDSAG verdanken ihren Namen der roten Farbe und den einzigartigen Formationen der Sandsteinklippen. Zahlreiche Fossilien und Dino saurierknochen wurden hier gefunden.

THE FLAMING CLIFFS OF BAJANDSAG owe their name to the red color and the unique formations of the sandstone cliffs. Numerous fossils and dinosaur bones have been found here.

cold. In the summer, however, the vehicle feels like an off-road sauna. What matters, though, is that engine can be repaired quickly and efficiently, and Norovoo has direct access to it from the driver's cab via the cover.

Alluding to its shape, which is long and rounded, the model is affectionately nicknamed "bread loaf" in its country of origin. Both inside and out, the UAZ 452 is functional and reduced to the bare essentials. After all, true comfort is not getting stuck. And if that happens, Norovoo knows all the tricks to get his four-wheel drive vehicle out of the mud again. The Mongolian is an old hand.

At each stop, Norovoo retrieves an old plaid cloth out of his grease-stained jeans and wipes the window and the fixtures clean. In his eyes, no speck of dust has the right to besmirch his van for any longer than necessary. When his favorite music comes on the radio, he turns up the volume: Mongolian pop songs blast from the small speakers—a mix of throat singing and Modern Talking.

For Norovoo, it's not just a car, it's also his temporary home. He often sleeps on the rear bench seat on long trips, covered with a warm camel hair blanket. He has installed small sliding curtains to cover the windows, and thick felt mats protect the seats from unsightly wear. The "maschin" is his own personal treasure made of sheet metal and steel. It is his holy of holies, and with it he can remain a Mongolian nomad in his heart forever.

DIE DÜNEN CHONGORIIN ELS
sind mächtige Sandberge in der Wüste Gobi. Da der Wind konstant aus nördlicher Richtung bläst, werden sie an der höchsten Stelle hunderte Meter hoch. Die „singenden Dünen" nennen sie die Einheimischen – und wer inmitten der absoluten Stille hört, wie der Wind den feinen Sand über den Dünenkamm trägt, hat daran keinen Zweifel.

THE CHONGORIIN ELS SAND DUNES
are impressive mountains of sand in the Gobi desert. Since the wind blows constantly from the north, they become hundreds of meters high at the highest point. The locals call them the "singing dunes"—and anyone who hears the wind carrying the fine sand over the dune crest in the midst of absolute silence has no doubt about it.

ENKHTUYA IST STOLZER NOMADENHIRTE
und lädt gerne Besucher in seine gemütliche Jurte ein, die er mit seiner Familie bewohnt. Er ist in den Weiten der Mongolei aufgewachsen und lebt von der Viehzucht. Jeden Abend treibt er seine Herden aus mehreren hundert Schafen, Ziegen sowie einem Dutzend Kamele mit dem Motorrad in die Nähe der Jurten.

ENKHTUYA IS A PROUD NOMADIC SHEPHERD
and likes to invite visitors to his cozy yurt, where he lives with his family. He grew up in the vastness of Mongolia and and raises livestock for a living. Every evening he drives his herds of several hundred sheep, goats, and a dozen camels by motorcycle to the vicinity of the yurts.

A pact with the cold

ZU BESUCH BEI DEN MONGOLISCHEN RENTIERNOMADEN

Das Getriebe des russischen Vans ächzt bei dem Versuch, den zweiten Gang einzulegen. Lautstark leistet der Schaltknüppel Gegenwehr, denn immer wieder springt die Kupplung heraus und produziert ein wetzendes Knarren. Alle paar Meter rumpelt einer der Reifen über einen groben Felsbrocken in ein schlammiges Schlagloch. Seit Stunden ist ringsherum nichts als dichter, sumpfiger Wald zu sehen. Das Straßennetz ist in dieser Gegend so dünn geworden, dass nur wenige motorisierte Vehikel es mit diesem Terrain überhaupt aufnehmen können. Tsagaannuur, die letzte Siedlung, liegt bereits mehrere Kilometer zurück. Kein Schild weist jetzt mehr den Weg. Nur Norovoo, unser mongolischer Fahrer, scheint die richtige Route zu kennen.

Über tausend Kilometer und drei Tage liegt auch die Hauptstadt Ulanbaatar bereits hinter uns. Das Ziel der Reise ist die Taiga, im äußersten Norden der Mongolei. Um dorthin zu kommen, nimmt man eine beschwerlich weite Fahrt auf sich. Hochgewachsene Nadelbäume lösen die karge Steppe ab und kennzeichnen diesen Teil des Landes. Dazwischen immer wieder lichte Abschnitte und offene Täler, die von kratzigem Buschwerk überzogen sind. Hier in den Wäldern des Sajangebirges, kurz vor der Grenze zu Sibirien, wird das Klima rauer und die Jahreszeiten extremer. Wer hier leben will, muss sich anpassen. So wie das Volk der Dukha, zu denen die Reise geht. In der Landessprache werden sie Tsaatans genannt, was soviel heißt wie „die Menschen, die Rentiere haben". Seit Jahrhunderten leben diese Nomaden in der Tradition ihrer Vorfahren und im Einklang mit ihren Tieren.

Der Untergrund ist noch morastiger geworden und untergräbt die Räder gefährlich tief – der russische Van ist am Ende seiner Kräfte. An einer Lichtung hält der Wagen an, wo bereits Benji vom Stamm der Tsaatans wartet. Norovoo begrüßt den alten Mann mit beiden Händen und einer Verbeugung. Von hier aus ist ein Vorankommen nur noch zu Fuß oder mit Reittieren möglich. Es sind noch rund zwei Stunden bis zum Lager der Tsaatans und für den Transport dorthin stehen bereits sechs gesattelte Rentiere bereit.

Durch die Lage im zentralasiatischen Hochland zählt die Mongolei weltweit zu einem der Länder mit den extremsten Klimabedingungen. Die Temperaturen können im Laufe eines Jahres um beinahe 50° C schwanken. Neben dem Wolf ist die Wärme der gefürchtetste Feind der Rentiere. Schon bei +15° C können die hitzeempfindlichen Tiere krank werden, erzählt uns Benji. Deren Körper sind für die Kälte gemacht, ihr dichtes, weiches Fell rüstet sie für Temperaturen bis zu -30° C.

Ein eisiger Wind bläst über die Lichtung. Unbeeindruckt davon schnürt Benji den Proviant in große Packtaschen und bereitet die Rentiere für den Ritt vor. Das Größte davon trägt ein mächtiges

Geweih, das bei jeder Kopfbewegung weit nach links und rechts ausschwenkt. Ihre Sättel erinnern an die von Pferden, ihr Kopfzaum besteht jedoch nur aus einer verknoteten Kordel mit zwei langen Enden, die als Zügel dienen.

Aufgesattelt geht es nun weiter durch die scheinbar undurchdringliche Taiga. „ Schuuu!" ist das Kommando für schneller. Dabei gibt es nur zwei Geschwindigkeiten: Schritt und eine schaukelnde Art von Trab. Beides ist geschmeidig und bequem zu reiten. Wenn die Tiere laufen, klicken ihre Hufe bei jedem Schritt. Es klingt beinahe so, als würden sie Absätze tragen. Nicht einmal Forscher sind sich darin einig, wozu das Klacken genau dient. Man vermutet, dass es als akustische Orientierungshilfe dient, um bei schlechter Sicht im Schnee als Herde zusammenzubleiben.

Kurz vor Einbruch der Dunkelheit taucht das Lager auf. Rund fünfzehn Tipi-ähnliche Jurten stehen versprengt in dem flachen langgezogenen Tal. Ein Bachlauf windet sich sanft durch die felsige Buschlandschaft. Die einfachen, kegelförmigen Zelte haben ein Gerüst aus langen Birkenholz-Stämmen und sind mit weißen Stoffplanen bespannt. Schwarze Blechrohre ragen aus ihnen heraus, aus denen Rauchschwaden aufsteigen. In der Luft hängt ein leicht rußiges Aroma, unter das sich der Duft von nassem Holz und feuchter Erde mischt. An langen Pfählen sind Rentierjunge angebunden. Die erwachsenen Tiere laufen frei und haben sich weit über die Gegend verteilt. Nur ein tiefes Röhren ist gelegentlich zu hören. Ansonsten klingt nur das Rauschen von Wasser und das Knistern von Holz in den Öfen der Tipis.

Es gibt nur noch rund 40 Dukha-Familien in der Taiga. Abgeschieden leben sie in kleinen Gemeinschaften. Jeder in der Familie hat eine Aufgabe und schon die Kleinsten werden in den Tagesablauf mit eingebunden. Die Frauen kochen, melken zweimal täglich die Stuten und stellen daraus Milchtee, Käse und Joghurt her. Die Männer und Söhne sind tagsüber unterwegs in den Wäldern, zum Schlagen von Feuerholz und zum Bewachen der Tiere. Es gibt weder Strom noch fließend Wasser - geschweige denn Internet. Dennoch leben sie nicht hinter dem Mond. Auf die Frage, ob die Kinder hier im Zelt zur Welt kommen, schüttelt Benji lachend den Kopf. „"Im Krankenhaus in Tsaaganur natürlich, wir leben schließlich im 21. Jahrhundert", lacht er und hält sich prustend die Faust vor den Mund.

Es ist Nacht geworden und die pelzigen Hunde der Nomaden bewachen das Lager. Wild sehen sie aus und ihr Bellen halt furchtlos und entschlossen durch das Tal. Selbst im Zelt hört man das Schnauben und Hufgetrappel der Rentiere. Mit der Dunkelheit ist nun auch der harte Arbeitstag für die Menschen hier zu Ende.
Doch nicht für Saon Tsetseg. Um Mitternacht schlägt ihre Stunde, denn sie ist die Schamanin des Dorfes. Als spirituelles Oberhaupt steht ihr Tipi als einziges erhöht auf einem Hügel. Von hier aus kümmert sie sich um die Sorgen, Probleme und Krankheiten der Leute im Lager und hält das soziale Gefüge der Gemeinschaft zusammen. Der Glaube an die Kraft der Natur hat eine wichtige Bedeutung in der Tradition der Dukha und ist Teil der ursprünglichen Religion der mongolischen Nomadenvölker. An wenigen Nächten im Jahr, abhängig von Wetter und Jahreszeit, kann Saon mit den Naturgeistern Kontakt aufnehmen und sie um Hilfe und Rat bitten. Heute ist so eine Nacht und in ihrem Zelt werden die letzten Vorbereitungen für das Ritual getroffen.

Im Kessel in der Mitte ihres Zeltes lodert ein Feuer und der beißende Geruch von verbranntem Wacholder und Tannenzweigen liegt in der Luft. Der Rauch soll die Geister anlocken. Im schwachen Licht des Zeltes sieht Saon alt und furchterregend aus. Das flackernde Licht wirft lange, dunkle Schatten in ihr Gesicht und ihre Falten wirken tiefer als sonst. Mit verzerrter Miene wirft sie die Hände in die Höhe und murmelt unverständliche Silben in die Stille der Nacht hinein. Die Zeremonie beginnt.

Im rhythmischen Klang ihrer Trommel tanzt sich die Schamanin in Trance. Immer wieder zündet sie Kräuterbüschel an und erstickt die Flammen zischend in ihrem Mund. Ihr bodenlanger, mit Anhängern und Amuletten behängter Mantel klimpert bei jeder Bewegung, während sie wild ihren Kopf hin und her schlägt. Sie wirkt beinahe fremdbestimmt - als hätte sie die Kontrolle über ihren Körper verloren. Die Trommelschläge werden lauter und ihre Worte undeutlicher. Mit geschlossenen Augen trommelt Saon über die Köpfe der Anwesenden hinweg, als versuche sie, mit jedem Schlag die bösen Geister aus ihren Körpern zu vertreiben. Die Zeit scheint stillzustehen und ihr monotoner Singsang unendlich weiter zu gehen, bis schließlich ein einziger, heftiger Hieb das Ritual schlagartig beendet und sie aus ihrem Zustand wachrüttelt.

Nach kräftezehrenden zwei Stunden steht ihr die Erschöpfung ins Gesicht geschrieben. Saon wischt sich den Schweiß von der Stirn. Mit dem Ritual hat sie die Naturgeister und Ahnen um Hilfe und Schutz für die anstehende Weiterreise, ebenso um Glück und Gesundheit für die Anwesenden gebeten. Mit einem müden Kopfnicken bittet sie uns schließlich, das Tipi zu verlassen. Ohne ein Wort zu wechseln, steigen wir in die Nacht hinaus und zurück in unser Zelt. Auf der kleinen Anhöhe erlischt nun auch das letzte Feuer und im Lager der Dukha kehrt Ruhe ein.

Am nächsten Morgen herrscht Aufbruchstimmung. Der Tag ist gekommen, an dem die Gemeinschaft weiter nach Norden zieht. Sie müssen tiefer in die schneebedeckten Wälder, wo die Tiere eine kühlere Umgebung finden. Bis zu achtmal jährlich schlagen sie ihr Lager an einem neuen Ort auf und überqueren dabei sogar die Grenzen nach Russland. Die Dukha haben einen Pakt mit der Kälte geschlossen. Sie gibt den Kurs ihrer Wanderungen vor und ihr ganzes Leben richtet sich danach.

←

DIE PELZIGE BESCHÜTZER
agieren im Rudel und bewachen die Rentiere im Lager vor Wolfangriffen.

THE FURRY PROTECTORS
operate in a pack to guard guard the reindeer in the camp from wolf attacks.

A VISIT TO THE MONGOLIAN REINDEER NOMADS

The transmission of the Russian van groans at the attempt to shift into second gear. The gear shift loudly resists, because the clutch keeps popping out and producing a grinding creak. Every few meters, one of the tires rumbles over a rough boulder into a muddy pothole. For hours we have seen nothing but dense, swampy forest in every direction. In this area, the road network has become so thin that only a few motorized vehicles can even take on this terrain. Tsagaannuur, the last settlement, is already several kilometers behind us. There are no more signs to guide us. Only Norovoo, our Mongolian driver, seems to know the right route.

Ulaanbaatar, the capital, lies more than a thousand kilometers and three days behind us. We are traveling to the taiga, in the far north of Mongolia. It is a long and arduous journey to get there. Tall coniferous trees replace the sparse steppe and characterize this part of the country. Now and then we pass through clear stretches and open valleys covered with scraggly bushes. Here in the forests of the Sayan Mountains, just before the border with Siberia, the climate becomes harsher and the seasons more extreme. If you want to live here, you have to adapt. Just like the Dukha people, who we are traveling to visit. In the Mongolian language they are known as Tsaatans, which means "those who have reindeer." For centuries, these nomads have lived following the traditions of their ancestors and in harmony with their animals.

The ground has become even muddier, and the tires are cutting dangerously deep into the track; the Russian van has gone as far as it can go. The van stops at a clearing, where Benji from the Tsaatan tribe is already waiting. Norovoo greets the old man with both hands and a bow. Going forward from here, we can only travel by foot or on mounts. The Tsaatan's camp is still around two hours away, and six saddled reindeer stand ready to take us there.
Due to its location in the Central Asian highlands, Mongolia is one of the countries with the most extreme climatic conditions in the world. Temperatures can fluctuate by nearly 50°C over the course of a year. Apart from wolves, heat is the most feared enemy of reindeer. Benji explains to us that these heat-sensitive animals can start becoming ill at temperatures of +15°C. Their bodies are made for the cold; their soft, thick fur enables them to survive temperatures as low as -30°C.

An icy wind blows across the clearing. Undaunted by the wind, Benji packs the provisions into large saddlebags and prepares the reindeer for the ride. The largest in the group has mighty antlers that sweep wide to the left and right with every movement of his head. Their saddles resemble those used with horses, but their head bridles consist only of a knotted cord with two long ends that serve as reins.

Saddled up, we continue on through the seemingly impenetrable taiga. "Shooo!" is the command to go faster. There are only two speeds: walking and a rocking kind of trot. Both are smooth and comfortable to ride. When the animals walk, their hooves click with every step. It sounds almost as if they're wearing high heels. Not even researchers agree on exactly what purpose the clicking serves. One theory is that it serves as an acoustic orientation aid to help the herd stay together when visibility is poor in the snow.

Shortly before nightfall, the camp appears. Around fifteen tepee-shaped tents, called ortz, are scattered about the long, flat valley. A stream gently winds through the rocky scrubland. The ortz—simple, cone-shaped tents—have a framework of long birch poles and are covered with white cloth tarps. Protruding from the roofs are black metal pipes, which emit billows of smoke. A slightly sooty aroma hangs in the air, mingled with the scent of wet wood and moist earth. Young reindeer are tied to long poles. The adult animals roam freely and have spread far and wide across the area. Only a deep bugling can be heard from time to time. Otherwise, the only sound we hear is the sound of rushing water and the crackling of wood in the stoves of the tents.

There are only about 40 Dukha families left in the taiga. They live in small, isolated communities. Everyone in the family has a task, and even the youngest members are involved in the daily routine. The women cook, milk the reindeer cows every day, and use the milk to make milk tea, cheese, and yogurt. The men and sons spend their days in the forests cutting firewood and guarding the animals.

There is no electricity or running water—let alone Internet. But it is not as if they are living under a rock. When asked whether the children are born here in the tents, Benji laughingly shakes his head. "No, at the hospital in Tsaaganur, of course! After all, we live in the 21st century," he chuckles and holds his fist over his mouth, snorting.

Night has fallen, and the nomads' furry dogs guard the camp. They look wild, and their barking resounds fearlessly and determined through the valley. You can hear the snorting and hoof beats of the reindeer even inside the tents. With the darkness, the hard workday for the people here has also come to an end.

But not for Saon Tsetseg. Her time comes at midnight, because she is the shaman of the village. As the spiritual leader, her tent is the only one elevated on a hill. From here, she takes care of the worries, problems, and the illnesses of the people in the camp and holds the social fabric of the community together. Belief in the power of nature has an important meaning in the Dukha tradition and is part of the original religion of the Mongolian nomadic people. On a few nights a year, depending on the weather and season, Saon makes contact with the spirits of nature and asks them for help and advice. This is such a night, and she makes the final preparations for the ritual in her tent.

A fire blazes in a kettle in the middle of her tent, and the acrid smell of burned juniper and fir branches fills the air. The smoke is supposed to attract the spirits. In the dim light of the tent, Saon looks eerie and old. The flickering light casts long, dark shadows across her face, and her wrinkles appear deeper than usual. With a contorted expression, she throws her hands up in the air and

BENJI VOM VOLK DER TSAATANS
hat die Rentiere gesattelt und aufgezäumt. Er ist bereit, die Karawane in das Lager nahe der sibirischen Grenze zu führen.

BENJI FROM THE TSAATAN PEOPLE
has saddled and bridled the reindeer. He is ready to lead the caravan to the camp near the Siberian border.

murmurs unintelligible syllables into the silence of the night. The ceremony begins. Accompanied by the rhythmic sound of her drum, the shaman dances herself into a trance. Time and again, she lights bunches of herbs and then smothers the flames with a hiss in her mouth. Her floor-length coat, adorned with pendants and amulets, jingles with every movement as she wildly tosses her head back and forth. She seems almost alienated—as if she has lost control of her body. The drum beats become louder and her words more slurred. Eyes closed, Saon drums over the heads of those present, as if she is trying to drive the evil spirits out of their bodies with each beat. Time seems to stand still and her monotonous chanting seems to go on indefinitely until, finally, a single violent blow abruptly ends the ritual and awakens her from her state.

After an exhausting two hours, exhaustion is written all over her face. Saon wipes the sweat from her brow. With the ritual, she has asked the nature spirits and ancestors for help and protection for the journey ahead as well as for luck and health for those present. With a tired nod of her head, she finally asks us to leave the tent. Wordlessly, we step out into the night and return to our tent. On the small hill, the last fire now also goes out, and silence returns to the Dukha camp.

The next morning, everyone starts preparing to leave. The day has come for the community to move farther north. They need to head deeper into the snow-covered forests, where the animals will find a cooler environment. They set up camp in a new place as many as eight times a year, even crossing the borders into Russia. The Dukha have made a pact with the cold. It sets the course of their migrations, and their entire life is guided by it.

»In the Mongolian language they are known as Tsaatans, which means those who have reindeer.«

DIE SCHAMANIN DES DORFES, SAON TSETSEG
tanzt sich mit lauten, rhythmischen Trommelschlägen in Trance, um mit den Naturgeistern in Kontakt zu treten.

THE SHAMAN OF THE VILLAGE, SAON TSETSEG
dances herself into a trance with loud, rhythmic drum beats in order to get in touch with the nature spirits.

110

Japan

Japan ist ein Land voller Überraschungen und hat viel mehr zu bieten als Kirschblüten, Kitsch und Karaoke. Es ist die Heimat skurriler Eigenheiten und einzigartiger kulturellen Inventionen: kuriose Mikroautos, genannt Kei-Cars, die einfachen Boxen auf Rädern gleichen und in jede noch so kleine Parklücke passen. Beheizte Multifunktionstoiletten, die mit unzähligen Tasten an einen Schleudersitz erinnern, oder futuristische Kapselhotels, die mit ihren systematisch angeordneten Schlafröhren den Waben eines Bienenstocks ähneln. Japan ist eine Welt für sich: fantastisch und voller Kontraste. Es ist ein Land zwischen traditionellen Tempeln und futuristischen Hochhaus-Fassaden, zwischen Geishas und Pokémon, feiner Kalligrafie und Neon-Reklame. Dieser Mix lässt sich schwer in Worte fassen. Japan ist schlicht unbeschreiblich.

Japan is a country full of surprises and has much more to offer than cherry blossoms, kitsch, and karaoke. It is home to quirky idiosyncrasies and unique cultural inventions: curious microcars, called kei cars, resemble simple boxes on wheels and can fit into any parking space, no matter how small. Heated multifunctional toilets with their countless buttons that are reminiscent of an ejector seat, or futuristic capsule hotels that resemble a beehive with their systematically arranged sleeping tubes. Japan is a world apart: fantastic and full of contrasts. It is a country caught between traditional temples and futuristic high-rise façades, between geishas and Pokémon, and between fine calligraphy and neon signs. It is hard to put this mix into words. Japan is simply indescribable.

まぐろ商店
B1F
熟女キャバクラ
mrs. J
4F
薄利多賣半兵ヱ
ANRAKUTEI
ANRAKUTEI
ANRAKUTEI
ANRAKUTEI
焼肉 安楽亭
2,480円
St. James
Trattoria
Pizzeria
Bar
BEER&WHISKY
FISH&CHIPS
湖南菜館
4F
レンタルルーム
エデン
XROSS CASA
個室ダイニング居酒屋
カラオケ
とんかつ にいむら
博多天神
19:00オープン
Tuna Restaurant
DAIICHI TAKI BLD

鳥丸酒場
03-6886-6759
リラクゼーション
焼肉
韓国料理
サムギョプサル
KollaBo
麻雀
クアトロ
2F
オンラインカフェ
ステップ
B1
1F
2F
劇場通り一番街
居酒屋
うまいもん
一番街
B1F
東京豚骨
らーめん
お好み焼き
HIROSHIMA TEPPAN YAKI
B1F
190円

㈱
ワイエムデー
建築設計研究所
食通街
食通街
食通街
食通街
食通街

Lost in Sensation

WILKOMMEN IN TOKIO

Bereits am Flughafen beginnt die Reise ins Land der aufgehenden Sonne unmittelbar mit einer freundlichen Portion Japan: Das Flughafenpersonal lächelt und begrüßt alle Passagiere mit einer tiefen, synchronen Verbeugung. Ohayou gozaimasu - Guten Tag. Einige der Fluggäste erwidern die Begrüßung mit einer Mischung aus unbeholfener Verbeugung und einem schüchternen Hello. Der Terminal ist außergewöhnlich sauber und es duftet nach künstlichen Kirschblüten. Über den Korridoren baumelnunverständlichen Tafeln mit japanischen Kanji Schriftzeichen. Daneben hängt unauffällig die englische Übersetzung, die den Weg zur Gepäckausgabe beschreibt.

Auffallend viele Schilder, Zeichen, Anleitungen und Pläne säumen die Passagen des riesigen Gebäudes. Sogar der Eingang zum WC hat eine elektronische Tafel mit detailliertem Grundriss der gesamten Toilette. Leuchten die Lampen der Kabinen auf der Tafel rot, sind sie besetzt. Leuchten sie grün, sind sie frei. Sehr praktisch. Nebenan gibt es noch ein weiteres Schild, das anzeigt wie weit die nächste Toilette entfernt ist, falls alles besetzt sein sollte. Dringende Bedürfnisse werden in Japan sehr ernst genommen.

Die U-Bahn ist im vermeintlichen Flughafenlabyrinth leichter zu finden als gedacht. Ein Piktogramm weist den Weg - ein Zeichen, das jeder versteht. Am Bahnsteig reihen sich die Fahrgäste akkurat vor dem einfahrenden Waggon ein. Wer sich trotz gelber Markierungen auf dem Boden nicht ordentlich einordnet, wird mit vernichtenden Blicken der Wartenden gestraft. Ein jeder hält sich hier an die Regeln. Mit der Bahn geht es direkt ins pulsierende Herz der Stadt. Es ist acht Uhr morgens und auf dem Weg dorthin steigen immer mehr Pendler zu. In den auf Kühlschranktemperatur gekühlten Abteilen sitzen eingenickte Männer im Business-Anzug. Daneben fletzen zwei japanische Hipster in quietschbunten Markenklamotten: Plateausneaker in Plastikoptik, Röhrenjeans und umgedrehte Snapback-Kappen, die Bauchtaschen lässig um die Schulter gehängt, und hinter der transparenten iPhone-Hülle lugt ein Evian-Etikett hervor.

Laut Reiseführer sind die Städte Japans ungemein vielschichtig und dynamisch. Durch die Blume gesprochen bedeutet das: viele Menschen, auf sehr engem Raum. Und alle bewegen sich. Vor allem die Riesenmetropole Tokio mit seinen 38 Millionen Einwohner ist ein Paradebeispiel dafür. In keiner anderen Stadt der Welt leben mehr Menschen auf so dichtem Raum. Die Distanzen in Tokio sind ebenso gigantisch wie die Stadt selbst. Unterirdisch schießt die Metro ins Zentrum. Trotz hoher Geschwindigkeit fühlt sich der Weg dorthin ewig an. Die Drucklufttüren öffnen sich schließlich an der Shinjuku-Station und in einem Rutsch speit die Bahn eine volle Ladung Passagiere in die Wartehalle. Dreieinhalb Millionen Menschen sind hier täglich unterwegs - der größte U-Bahnhof der Welt.

←

DAS UNVERKENNBARE TOKIO
ist nicht nur auf den belebten Hauptverkehrsstraßen der Stadt zu finden - oft lohnt sich ein Abstecher in die kleineren Seitenstraßen.

THE UNIQUE TOKYO
is not only to be found on the busy main streets of the city—it is often worth the taking a detour into the smaller side streets.

»Everything flickers and flashes: You are standing with one foot in the future.«

Ein Konzert von J-Pop Star Miku Hitsune wirkt vergleichsweise wie eine Hinterhofveranstaltung. Alle sind in Bewegung. Ein Großstadt-Pogo mit Schlipsträgern in Einheitskleidung. Niemand ist aufdringlich und es ist keineswegs laut. Ein jeder scheint die ungeschriebenen Gesetze der gepflegten Ordnung zu kennen. Kein Schubsen, kein Drängeln, sondern stoisches Einreihen und radikaler Linksverkehr, auch zu Fuß. Und es funktioniert.

Der Stadtteil Shinjuku ist ein eiskalter Sprung ins japanische Wasser. Es ist einer der abgedrehtesten Orte in Tokio. Grelle, meterhohe Werbebanner und digitale Leuchtschriften fließen wie Kaskaden über die Flimmerwände. Alles flackert und blinkt, mit einem Fuß steht man in der Zukunft. Aufgrund des Platzmangels baut man in der Innenstadt in die Höhe. Ein Einkaufszentrum im dritten und vierten Stock, das Katzenkaffee in der Sechs und zwei Rooftop-Restaurants ganz oben. Wie Hans Guck in die Luft steuert man mit ausgeklappter Kinnlade durch die Straßen. Shinjuku ist eine Gratwanderung zwischen purer Faszination und kompletter Überforderung.

Auf dem Weg zum Hostel liegt das Viertel Akihabara, auch Electric-Town von Tokio genannt und ein Mekka für jeden Manga- und Gaming-Nerd. Level up! "Akiba" fühlt sich an wie Shinjuku nur mit +4 Punkten, was diebei Exzentrik anbelangt. Berühmte Manga- und Animehelden tanzen auf den Leinwänden der meterhohen Bildschirme und kreischen fröhlichen ihre Verkaufshymnen. Es gibt Läden, die ausschließlich Robotern im Angebot haben, Stockwerke voller Comicbücher und Graphic Novels und über zwölf Etagen hohe Spielhallen und Elektronikwarengeschäfte. Auf den Straßen begegnet man hier der japanischen Vorliebe für Cosplay, dem überdrehten Gegenteil der introvertierten und hyperdisziplinierten Einheitsgesellschaft. Berühmte Figuren der Manga- und Animewelt werden dabei mit aufwendigen Kostümen imitiert, von Pikachu bis hin zu Naruto. Ganze Kämpfe werden auf der Straße nachgestellt. Und das scheint ganz normal zu sein. Kaum jemand dreht sich um.

Im Gegensatz zum Großen, Bunten und Lauten, haben Japaner aber auch eine eine Vorliebe für zierliche und niedliche Dinge. Dafür haben sie auch ein eigenes Wort: "Kawaii". So liegen In den Auslagen der Snackverkäufer mit Bohnenpaste gefüllte süße Teigtaschen in Hello-Kitty-Form und in den neon-leuchtenden Automaten nebenan warten Plüschtiere darauf, mit metallenen Greifarmen gegen 100-Yen-Münzen herausgeangelt zu werden. Eine Ecke weiter werden Pokemon-Mützen und Schlafanzüge mit Gibli-Print, neben Mini-Radiergummis in Form von japanischen Shiba-Inu Hündchen angeboten.

Das Einzige, was sich auffällig in jeder Straße wiederholt, sind die rot-orange-grünen- Leuchtschilder der 7 Eleven-Shops. Das japanische Pendant zum „Laden an der Ecke". Es gibt sie an jeder Ecke fast 3000 in der ganzen Stadt. Die Läden sind klein, aber effizient vollgestopft mit allem möglichen Krimskrams. Mit lachenden Maskottchen bedruckte Pralinen-Schachteln stapeln sich neben Instant-Suppen mit Shrimp-Geschmack. An der Kasse gibt es Tee in Metalldosen, entweder kalt aus dem Kühlfach oder warm aus der Heiztheke. Eine Warenpyramide in der Mitte des engen Ladens ist meterhoch gestapelt mit giftgrünen Limonade-Getränken. Ein Schlaraffenland für Junkfood Enthusiasten.

Japan ist eines der teuersten Länder der Welt. Nicht nur Lebensmittel- und Restaurantpreise sind hoch, auch Übernachtungspreise können horrende Summen verschlingen. Eine günstige Alternative dazu sind Kapselhotels, eine verrückte Erfindung der Japaner. Sie sind erschwinglich, erstaunlich praktisch und mit mehr Privatsphäre versehen als ein herkömmliches Hostel. Es gibt also keine gewöhnlichen Zimmer, sondern ganze Etagen, deren Wände mit wabenartigen Röhren zugestapelt sind, in die man sich einmieten kann. Eine futuristische Mischung aus Bienenstock, Kernspintomograph und Weltraumkajüte. Primär sind die kleinen Zimmer für Geschäftsleute gedacht, die bis spät in die Nacht arbeiten und nicht mehr nach Hause pendeln wollen. Deshalb ist auch alles auf das Minimum reduziert: Bett, Spint und Gemeinschaftsdusche. Am Eingangsbereich gibt es noch einen Getränke- und Snackautomaten. Obwohl das ganze eng und klaustrophobisch klingt, ist die Kapsel erstaunlich heimelig. Im Inneren befindet sich ein kleiner ausklappbarer Bildschirm mit japanischen On-Demand Filmen, daneben auf der Konsole ein Lichtdimmer, vier USB-Slots und eine Steckdose, sowie eine Taste für beruhigende Naturgeräusche ein kleiner SPA Bereich für die Ohren. Ein turbulenter erster Tag neigt sich dem Ende zu. In der benachbarten Röhre schnarcht bereits jemand. Ein wohliges Gefühl zu wissen, dass in den futuristischen Särgen keine Menschen für die Ewigkeit eingefroren werden.

Tokio ist ein riesengroßes Wimmelbild. Je genauer man hinschaut, umso mehr verrückte Details entdeckt man. Die Stadt überfordert im positiven Sinne. Man kann nicht genug von ihr kriegen, wie ein Kind in einem Kuriositätenladen, in dem man sich gerne verliert. Lost in sensation.

WELCOME TO TOKYO

At the airport, the journey to the land of the rising sun begins immediately with a friendly dose of Japan: The airport staff smile and greet all passengers with a deep, synchronized bow. Ohayou gozaimasu—good day. Some of the passengers return the greeting with a mixture of awkward bows and a shy hello. The terminal is extraordinarily clean and the scent of artificial cherry blossoms lingers in the air. Unintelligible panels with Japanese kanji characters dangle above the corridors. Next to them hangs an unobtrusive English translation that points the way to the baggage claim.

A striking number of signs, instructions, and maps line the passages of the huge building. Even the entrance to the restroom has an electronic board with a detailed floor plan of the entire restroom. If the lights for the cubicles on the board are red, they are occupied. If they are green, they are free. Very practical. Next to it, another sign shows how far away the next restroom is, in case everything is occupied. Urgent needs are taken very seriously in Japan.

In the labyrinth of the airport, the subway is easier to find than expected. A pictogram shows the way—a sign that everyone understands. On the platform, passengers line up neatly at the front of the arriving train. Anyone who fails to line up properly despite the yellow floor markings is punished with withering looks from the waiting passengers. Everyone abides by the rules here. The train takes us directly into the pulsing heart of the city. It is eight o'clock in the morning, and more and more commuters board the train on our way there. Dozing men in business suits sit in the compartments, which have been chilled to the temperature of a refrigerator. Alongside the businessmen are two Japanese hipsters in brightly colored brand-name clothes. They wear platform sneakers that look like plastic, skinny jeans and upturned snapback hats, fanny packs slung casually over their shoulders, and an Evian label peaks out from behind a transparent iPhone case.

According to travel guides, Japan's cities are incredibly dynamic and diverse. Reading between the lines, it means that there are a lot of people in a very small space. And everyone is on the move. Above all, the giant metropolis of Tokyo with its 38 million inhabitants is a perfect example of this. No other city in the world has more people living in such a tight space. The distances in Tokyo are just as gigantic as the city itself. Underground, the metro shoots into the center. Despite the high speed, it feels like it takes forever to get there. The pneumatic doors finally open at Shinjuku Station, and all at once the train spits a full load of passengers into the waiting hall. Three and a half million people pass through here every day—it is the largest subway station in the world. A concert by J-pop star Miku Hitsune would seem like a backyard event by comparison. Everyone is on the move. A big city pogo dance with tie-wearing people in uniform clothing. No one is pushy and it's not at all loud. Everyone seems to be familiar with the unwritten rules of cultivated order. No shoving, just stoic lining up and radical left-hand traffic, including pedestrians. And it works.

The Shinjuku district is an ice-cold plunge into Japanese waters. It's one of the wackiest places in Tokyo. Garish, meter-high advertising banners and digital neon signs cascade over flickering display walls. Everything flickers and flashes: You are standing with one foot in the future. Due to the lack of space, everything is built upwards in the city center. A shopping mall on the third and fourth floors, a cat café on the sixth, and two rooftop restaurants all the way at the top. You're likely to find yourself gaping, navigating the streets with a look of sheer amazement on your face. Shinjuku is a balancing act between pure fascination and complete overload.

ラウワン
B1
第10
金嶋ビル
炭火焼肉
食べ放題
1,880円~
VD鑑賞
金太郎
24H営業
無料案内所
アフロに聞け!!
Free WiFi
博多食堂

揚げ
別、秘伝のたれ！
場の味！
こ焼き
きそば
りの一品！
まで
57-3589
千客万来
いらっしゃいませ
一杯酒場

On the way to the hostel is the Akihabara district, also referred to as Tokyo's Electric Town; it is a mecca for every manga and gaming nerd. Level up! "Akiba" feels like Shinjuku, only with +4 points in terms of eccentricity. Famous manga and anime heroes dance on meter-high screens and cheerfully shriek their sales anthems. There are stores that exclusively sell robots, floors filled with comic books and graphic novels, and arcades and electronics stores over twelve floors high. On the streets here, you will encounter the Japanese fondness for cosplay, the over-the-top opposite of the introverted and hyper-disciplined one-size-fits-all society. Cosplayers dress in elaborate costumes to imitate famous figures from the worlds of manga and anime, from Pikachu to Naruto. Entire fights are re-enacted on the street. And that seems to be quite normal. Hardly anyone turns around.

In contrast to big, colorful, and loud, the Japanese also have a preference for things that are delicate and cute. They even have their own word for this: "kawaii." The displays of snack vendors, for example, offer up sweet dumplings filled with bean paste in the shape of Hello Kitty, and the adjacent neon-lit vending machines are filled with stuffed animals just waiting to be fished out with metal gripper arms in exchange for 100 yen coins. In the next block, we see Pokeman caps and pajamas with a Gibli print alongside mini erasers shaped like Japanese Shiba Inu dogs.

The only thing that is noticeably repeated in every street are the 7-Eleven stores with their illuminated green, orange, and red signs. They are the Japanese equivalent to a convenience store. You can find them on every corner—nearly 3,000 throughout the city. The stores are small but efficiently crammed with all sorts of odds and ends. Boxes of chocolates printed with laughing mascots are stacked next to shrimp-flavored instant soups. At the checkout, you'll find tea in metal cans, either chilled from the cold case or warm from the hot bar. A pyramid of goods in the middle of the narrow store is stacked several meters high with florescent green lemonade drinks. It's a paradise for junk food junkies.

Japan is one of the most expensive countries in the world. Not only are food and restaurant prices high, rates for overnight stays can also be horrendously expensive. Offering a cheap alternative to this are capsule hotels, a crazy invention of the Japanese. They are affordable, surprisingly practical, and offer more privacy than a conventional hostel. Instead of ordinary rooms, there are entire floors whose walls are stacked with honeycomb-like tubes that you can rent. It feels like a futuristic mixture of beehive, MRI scanner, and space cabin. The tiny rooms are primarily intended for business people who work late into the night and don't want to commute home. That's why everything is reduced to the minimum: bed, locker, and shared shower. There is also a vending machine for drinks and snacks at the entrance. Although the whole thing sounds cramped and claustrophobic, the capsule is surprisingly homey. Inside you will find a small fold-out screen with Japanese on-demand movies, next to it on a console is a light dimmer switch, four USB slots and a plug, and a button for soothing nature sounds—a small spa area for the ears. Our first turbulent day is drawing to a close. Someone is already snoring in the neighboring tube. It is a comforting feeling to know that no one will be frozen for eternity in these futuristic coffins.

Tokyo is like a huge hidden object puzzle. The closer you look, the more crazy details you will discover. The city overwhelms you in a positive way. You can't get enough of it, much like a kid in a curiosity store you love to get lost in—lost in sensation.

鳥居本
鳥居本
湊家
辻留
権兵衛
権兵衛
祇園 いづ重
祇園 いづ重
祇園 いづ重
池田家
だん香
キメラ
豆花
川口
次朗
元奈古
元奈古
天塩
和田

京ばん
京ばん
八木源太郎
八木源太郎
畑中
畑中
畑中
畑中
畑中
アービル美容室
柴田芸豆
泉政
岡きみ
福志
筧絹代
伊原友己
Natural Beauty
いちえ
小松陽一郎

Into the past at highspeed

EINE ZEITREISE NACH KYOTO

Der Schaffner wirft einen letzten prüfenden Blick auf seine Armbanduhr – drei Minuten nach Zehn. Er zieht eine schwarze Plastik-Trillerpfeife aus der Tasche seiner glattgebügelten dunklen Uniform. Kerzengerade und bewegungslos steht er da, während Reisende links und rechts an ihm vorbei hetzen. Mit einem schrillen Pfiff und gerade nach oben gestrecktem Arm gibt er die Abfahrt des Zuges frei: Destination Kyoto. Wenige Sekunden später schwebt der Shinkansen, der mit seiner langgezogenen Zugschnauze an einen weiß-glänzenden Drachen erinnert, aus dem Bahnhof von Tokio. Pünktlich auf die Minute gleiten die schier endlos aneinandergereihten Waggons leise über die Schienen. Der japanische Bullet Train ist der Stolz der Nation und aufgrund seiner Pünktlichkeit weltberühmt. Verspätung gilt bei der japanischen Bahn als Beleidigung gegenüber den Fahrgästen. Auch wenn die Japaner über zwanzig Ausdrücke kennen, um sich zu entschuldigen, haben Pünktlichkeit und Respekt oberste Priorität.

Wenige Kilometer außerhalb von Tokio hat der japanische Hochgeschwindigkeitszug volle Fahrt aufgenommen. Mit 300km/h schießt er über die Gleise und lässt die futuristische Wolkenkratzer-Metropole weit hinter sich, und damit die lärmenden Pachinko-Spielhallen, die Roboter-Restaurants und die Manga-Fans. Die Geschwindigkeit im Innenraum des Zuges bleibt beinahe unbemerkt, während die Landschaft wie ein grüner Farbverlauf vor dem Fenster vorbeiwischt. Die Reise dauert etwas über drei Stunden. Wie eine Zeitkapsel schießt der Shinkansen in das kulturelle Herz des Landes. Auf die Minute pünktlich hält der Zug am Bahnhof von Kyoto, der alten Königsstadt.

Während sich die Erinnerung noch an den Anblick der frühmorgendlichen Skyline Tokios klammert, bekommt man einen ersten Eindruck von Kyoto. Kunst und Handwerk sind in der Kulturhauptstadt überall präsent. Auf dem Weg in die Innenstadt führt der Weg vorbei an kleinen Fachgeschäften, die japanisches Büttenpapier, filigran bemalte Töpferwaren, Teeschalen und handgeschnitzte Essstäbchen feilbieten. Die Läden sind mit sanftem Licht beleuchtet und strahlen Ruhe aus, während sich die Straßen zur Mittagszeit füllen. In Nishijin, dem sogenannten Textilviertel, drängen sich hungrige Japaner vor dem Stand eines Tofu-Verkäufers zusammen, während sich hinter den Schaufenstern indigofarbene Stoffe türmen. Die Gegend ist bekannt für ihre erlesenen Noren, die klassischen japanischen Türvorhänge. Die einfache Stoffbahn mit einem langen Schlitz in der Mitte zieren die Eingänge von Restaurants, Geschäften und Häusern. Bedruckt mit Schriftzeichen, Kalligrafien, Tiermotiven oder Ornamenten laden sie zum Hereinkommen ein und dienen zugleich als Sichtschutz. Ein junges Paar tritt durch einen der Noren aus einer Teestube ins Freie und der Duft von Matcha, dem typischen Grüntee steigt in die Nase. Leider bleibt keine Zeit für eine Teezeremonie an diesem Nachmittag, und im Nebel von gebratenem Tofu und würzigem Tee geht es weiter in das Viertel, in dem das traditionelle Herz von Kyoto höher schlägt, nach Gion.

Die Gassen sind breit und mit abgetretenen dunklen Steinen gepflastert, die Häuser sind mehrere hunderte Jahre alt. Es ist ein enormer Kontrast zur futuristischen Innenstadt von Tokio. Keine blinkende Leuchtreklame – stattdessen minimalistische, holzgetäfelte Fassaden entlang den Straßen. Rote oder weiße Lampions hängen an den Eingängen kleiner Teestuben und Restaurants. Die geschwungenen Gassen mit ihren kleinen Machiya, den alten traditionellen Stadthäusern, lassen vergessen, dass man sich auch hier in einer rasant wachsenden Millionenmetropole befindet. Am Nachmittag drängen sich viele Leute durch die alten Straßen, auf der Suche nach kleinen Köstlichkeiten, wie Takoyaki, dampfenden Oktopusbällchen oder Imagawayaki, einem süßen Gebäck mit Bohnenpaste. Zwischen dem Getümmel der Menschen blitzen immer wieder bunten traditionelle Roben hervor. An der Straßenecke, neben dem Zuckerwatteladen, steht eine junge Frau mit auffallend verziertem Sonnenschirm. Sie trägt eine mit Blumen bestückte Hochsteckfrisur und knallrote Lippen, die aus ihrem weiß geschminkten Gesicht heraus leuchten. Sie zieht alle Blicke auf sich. Mit einer gekonnten Bewegung vollführt sie eine halbe Drehung um ihre Achse und neigt ihren Schirm gekonnt in die Richtung der Smartphone-Paparazzis. Während sie auf ihren Plateu-Sandalen los trippelt, klackert das Holz der Schuhe bei jedem ihrer kleinen Schritte. Das aufwendig verzierte Muster ihres Gewandes lässt erahnen, dass sie eine Geisha ist. Während sie in die andere Richtung stöckelt sieht man noch ihren Obi, den Gürtel, der am Rücken aufwändig zusammengebunden ist. Die berühmten Kimonos passen nirgendwo besser als in eine Stadt wie Kyoto und tragen zum Charme von Gion bei.

Einst waren Kimonos die Alltagskleider der Japaner. Eingeführt wurden sie von den Samurais, die mit ihren edel verzierten Roben die Aufmerksamkeit auf sich zogen. Später als sich die japanische Handwerkskunst weiterentwickelte, wurden sie salonfähig. Mit Reispaste deckte man damals den Stoff ab und verzierte ihn, damit er sich an diesen Stellen nicht färben konnte. Mit dieser Methode konnte man verschiedene Motive auf die Robe drucken: Kirschblüten, Pfingstrosen und Chrysanthemen. So kam der Kimono richtig in Mode. Heutzutage ist ein traditioneller Kimono extrem teuer. Mehrere tausend Euro kostet eine komplette handgefertigte Garnitur aus Naturseide. Einen solches Meisterstück zu tragen ist ein Privileg, das sich nur wenige leisten können. Damit die Tradition dennoch aufrecht erhalten bleibt, werden sie mittlerweile auch günstiger hergestellt – mit Stoffen aus Leinen und Baumwolle. Immer mehr junge Brautpaare lassen sich in Kimonos fotografieren, Sumoringer tragen sie, und bis heute sind sie die Arbeitskleidung der geheimnisvollen Geishas in Gion. Sogar bei den Hipstern von heute sind sie angekommen, mit Schlagring-, Emoji- und U-Boot-Aufdruck. Und so flanieren viele junge Japaner auch an diesem Nachmittag in bunte Kimonos gekleidet durch die Straßen von Gion.

Was die Stadt so besonders macht, sind ihre mehr als 2000 Tempel. Es sind derer so viele, dass es kaum ein Reisender es schafft, sie alle zu besuchen. Der mit Abstand eindrucksvollste ist der Fushimi Inari Schrein mit seinen zinnoberroten Eckbögen. Tausende dieser Toriis reihen sich dicht aneinander und bilden ein Labyrinth aus Wegen, das bis hoch auf den östlichen Hügel der Stadt reicht. Jedes dieser Tore hat einen eigenen Gönner, denn allesamt sind sie von wohltätigen Japanern und Unternehmen gestiftet, deren Namen auf dem jeweiligen Tor eingraviert sind. Abgeschirmt von der Hektik der großen Metropole, verliert sich hier jegliches Gefühl für Zeit. Kurz bevor die Sonne hinter dem Hügel untergeht scheinen ihre goldenen Strahlen in langen Kegeln durch die Tore. Die dichten Kronen der Bäume fangen das letzte Licht des Tages ein. Komorebi nennen die Japaner dieses Ereignis: Licht, das zwischen Bäumen hindurch tanzt.

TRAVELING BACK IN TIME TO KYOTO

The conductor takes a final, careful look at his wristwatch—three minutes past ten. He pulls a black plastic whistle out of the pocket of his smoothly ironed dark uniform. He stands bolt upright and motionless as travelers rush past him on either side. With a shrill whistle and his arm stretched straight up, he gives the go-ahead for the train to depart: destination Kyoto. A few seconds later, the Shinkansen floats out of the Tokyo station; with its elongated snout, the bullet train resembles a shiny white

AUF DEM WEG ZUR YASAKA-NO-TO PAGODE in Kyoto im traditionellen Tempelbezirk Higashiyama. Hier trifft man neben malerischen Geschäften und traditionell hergestellten Keramik und Kunsthandwerk auf den eleganten Geishas. Es ist die unverfälschteste aller alten Stadtlandschaften von Kyoto.

ON THE WAY TO YASAKA-NO-TO PAGODA in Kyoto in the traditional temple district of Higashiyama. Here you will meet the elegant geishas alongside quaint stores and traditionally made ceramics and handicrafts. It is the most unspoiled of all Kyoto's ancient cityscapes.

dragon. Punctual to the minute, the seemingly endless stream of railway cars glide silently over the rails. The Japanese bullet train is the pride of the nation and world famous for its punctuality. On the Japanese railroads, lateness is considered an insult to the passengers. Even though there are more than twenty expressions for apologizing in Japanese, punctuality and respect are the top priority.

A few kilometers outside Tokyo, the Japanese bullet train has reached full speed. It shoots along the tracks at 300 km/h, leaving the futuristic skyscraper metropolis far behind along with its noisy pachinko parlors, robot restaurants, and manga fans. The speed inside the train is almost unnoticeable, while the landscape sweeps by outside the window like a green color gradient. The journey takes a little over three hours. Like a time capsule, the Shinkansen shoots into the cultural heart of the country. Right on time, the train stops at the station in Kyoto, the ancient royal city.

While our memory is still clinging to the sight of Tokyo's early morning skyline, we get our first glimpse of Kyoto. In the cultural capital, art and craftsmanship are everywhere. On the way downtown, we pass small specialty stores selling Japanese handmade paper, intricately painted pottery, tea bowls, and hand-carved chopsticks. The stores are illuminated with soft light and exude tranquility as the streets fill at lunchtime. In Nishijin, known as the textile district, hungry Japanese cluster in front of a tofu vendor's stall. Display windows are filled with stacks of indigo-colored fabrics. The area is known for its exquisite noren, the traditional Japanese door curtains. A noren is a simple panel of fabric with a long slit down the middle that adorns the entrances of restaurants, businesses, and homes. Printed with characters, calligraphy, animal designs, or ornaments, they invite people to come in while also serving as a privacy screen. A young couple steps through one of the noren from a teahouse into the open air, and the fragrance of matcha, the typical green tea, drifts in their wake. Unfortunately, there is no time for a tea ceremony this afternoon. We regretfully leave the scents of fried tofu and aromatic tea behind as we continue on to the district of Gion, where the traditional heart of Kyoto beats faster.

The alleys are wide and paved with dark, worn stones, and the houses are several hundred years old. It is a huge contrast to Tokyo's futuristic downtown. Instead of flashing neon signs, minimalist wood-paneled façades line the streets. Red or white lanterns hang at the entrances of small tearooms and restaurants. The winding alleys with their small machiyas, the old traditional townhouses, make it easy to forget that here you are also in a rapidly growing city with millions of inhabitants. In the afternoon, the old streets become crowded with people in search of small delicacies, such as takoyaki (steaming octopus balls) or imagawayaki (a sweet pastry with bean paste). Among the hustle and bustle of people, you catch the occasional bright flash of colorful traditional robes. A young woman holding a strikingly decorated parasol stands on a street corner next to a cotton candy store. Her hair is pinned up and decorated with flowers, and her bright red lips seem to glow from her white-painted face. She attracts everyone's attention. With a deft movement, she performs a half turn in place and skillfully tilts her parasol in the direction of the smartphone paparazzi. As she minces away on her platform sandals, the wood of her shoes clacks with each of her small steps. The intricately decorated pattern of her kimono suggests that she is a geisha. As she totters off in the other direction, you can still see her obi, the belt that is intricately tied on her back. These famous kimonos fit in nowhere better than a city like Kyoto and add to the charm of Gion.

Kimonos were once the everyday clothing of the Japanese. They were introduced by the samurai, who attracted attention with their finely decorated robes. Later, as Japanese craftsmanship evolved, they became more widespread. Back then, rice paste was painted onto the fabric before dyeing to ensure that the dye would not color those areas. This resist dyeing technique was used to print different designs on the kimonos, such as cherry blossoms, peonies, and chrysanthemums. That is how the kimono really came into fashion. Today, a traditional kimono is extremely expensive. A complete set handmade from natural silk costs several thousand euros. To wear such a masterpiece is a privilege that only few can afford. To keep the tradition alive, however, more affordable kimonos are now being made using linen and cotton fabrics. A growing number of young brides and grooms are having their pictures taken in kimonos. Sumo wrestlers wear kimonos as well, and to this day they are the work apparel of the mysterious geishas in Gion. Kimonos have even arrived among today's hipsters, with prints ranging from brass knuckles and emoji to submarines. And so on this particular afternoon, we notice many young Japanese sauntering through the streets of Gion wearing brightly colored kimonos.

What makes the city so special are its more than 2,000 temples. There are so many of them, that it would be a rare traveler who manages to visit them all. By far the most impressive one is the Fushimi Inari shrine with its vermilion torii, or traditional Japanese gates. Thousands of these torii are lined up close together in rows, forming a maze of pathways that reach high up the eastern hill of the city. Each of these gates has its own patron, because they have all been sponsored by charitable Japanese people and companies whose names are engraved on the respective gate. Shielded from the hustle and bustle of the big city, here you lose all sense of time. Just before the sun sets behind the hill, golden rays of sunshine send long beams of light through the gates. The dense crowns of the trees catch the last light of the day. Komorebi is how the Japanese describe this event—the light dancing through the trees.

DER JAPANISCHE KIMONO
wird vorwiegend zu festlichen Anlässen getragen und ist eines der ältesten Kleidungsstücke Japans. Er ist zwar einfach geschnitten, jedoch schwierig anzuziehen – ein komplettes Outfit besteht aus zahlreichen Einzelteilen.

THE JAPANESE KIMONO
is one of the oldest garments in Japan and worn mainly on festive occasions. Although it is simply cut, it is difficult to put on—a complete outfit consists of numerous individual pieces.

STARBUCKS

二寧坂
珈琲焙煎工房
COFFEE
二寧坂
(二年坂)

大阪市
鍵本産業株式会社
代表取締役
新潟県
株式会社住友金属直江津
住金クリエート株式会社
社員一同
社員一同
青森県八戸市一番町二ノ七ノ三
清川純子
有限会社鍋島商店
平成十七年一月吉日建之
平成二十五年二月吉日建之
平成十八年三月吉日建之

DER SCHREIN DER TAUSEND TORE führt über ein tunnelartiges Labyrinth auf den Berg Inari hinauf. Jedes einzelne Tor des Fushimi -Inari-Taisha ist eine Spende, deren Gönner auf der Rückseite des Tores kalligrafiert sind.

THE SHRINE OF A THOUSAND GATES leads up to Mount Inari via a tunnel-like labyrinth. Each individual gate of the Fushimi-Inari-Taisha represents a donation, the patrons of which are painted in calligraphy on the back of the gate.

TYPISCHES JAPANISCHES STREETFOOD sind die auf Kohle gegrillten Fischspieße, genannt Kushiyaki, welche einen unwiderstehlichen Geruch verströmen.

TYPICAL JAPANESE STREET FOOD includes the fish skewers grilled on charcoal, called Kushiyaki, which exude an irresistible smell.

→

DER SAGANO BAMBUSHAIN
in Kyoto reicht bis zu 82 Meter in die Höhe. Wenn die dichtstehenden Rohre sanft im Wind wiegen, erzeugen sie einen einzigartigen Klang. Der Wald wurde dadurch in die „100 Klanglandschaften Japans" aufgenommen.

THE SAGANO BAMBOO GROVE
in Kyoto reaches up to 82 meters in height. When the dense stand of bamboo sways gently in the wind, it produces a unique sound. As a result, the forest was included in the "100 Soundscapes of Japan."

DER ITSUKUSHIMA-SCHREIN
auf der Insel Miyajima: Bei Ebbe kann man durch das Tor hindurch laufen, bei Flut scheint es auf dem Wasser zu schwimmen

THE ITSUKUSHIMA SHRINE
on Miyajima Island: At low tide you can walk through the gate, at high tide it seems to float on the water

140

Nepal

N.E.P.A.L. Never Ending Peace and Love. Mit diesem Satz beschreibt sich das Land immer wieder selbst. Die Leute tragen ihn auf T-Shirts, malen ihn auf Wände aber tragen ihn auch im Herzen, denn er ist nicht nur ein Sinnbild für das Land und die Menschen, sondern eine Lebenseinstellung. Die nie enden wollende Gelassenheit und Nächstenliebe der Menschen machen dieses Land so einzigartig und zu einem Ort der Zuflucht für Fernweh und Abenteuer. Nepal ist ein Land, das mit seinen höchsten und wohl schönsten Bergen der Erde seinesgleichen sucht. Es ist ein Land, das seit jeher die Fantasie der Menschen beflügelt – mit abgelegenen, unberührten Gebieten, uralten Tempeln und Traditionen. Jeder der einmal das Dach der Welt bestiegen und sich dabei so groß und gleichzeitig so klein gefühlt hat, wird diesen Moment nicht mehr vergessen und immer wieder in dieses Land zurückkehren wollen.

N.E.P.A.L. Never Ending Peace and Love. With this sentence, the country describes itself over and over again. People wear it on t-shirts, paint it on walls, but also carry it in their hearts—because it is not only a symbol for the country and the people, it is also an attitude towards life. What makes this country so unique and a refuge for travelers and adventurers is the never-ending serenity and charity of the people. Featuring the highest and probably most beautiful mountains on earth, Nepal is a country without equal. With its remote, untouched areas, ancient temples and traditions, it is a country that has always captured the imagination of people. Anyone who has ever climbed the roof of the world and felt so big and yet so small at the same time, will never forget that moment and will want to return to this country again and again.

NÄCHTLICHER BLICK AUF DEN ANNAPURNA HIMAL, eine der höchsten Gebirgsketten der Welt mit über 8.000 Meter Höhe.

NIGHT VIEW OF ANNAPURNA HIMAL, one of the highest mountain ranges in the world at over 8,000 meters.

Mountain high

MIT MINGMA SHERPA IM HIMALAYA

Dunkle Wolken ziehen auf und verfinstern binnen Sekunden den Himmel über das Annapurna Massiv. „Es wird Schnee geben", sagt Mingma, der kleine stämmige Nepali vom Volk der Sherpa, während er an seinem mit Milch aufgebrühten Chiya Tee schlürft. Er steht am Fenster der High Camps auf knappen 4000 Höhenmetern und schaut über die Bergketten. Schwer zu sagen, ob seine Aussage bedenklich für die kommenden Tage der Trekkingtour ist. Er schweigt. Mingma ist schon seit vielen Jahren Träger und Bergführer in Nepal. Er kennt die Gegend wie seine eigene Westentasche und ist ein absoluter Profi, in dem was er macht. Mit seinen knappen 60 Jahren wirkt er erstaunlich fit. Wie viele Nepali hat er einen robusten und kräftigen Körperbau. Ebenso breitbeinig steht er da, als könnte ihn kein Yak Bulle von der Stelle bewegen. In seinem, von der Herbstsonne gebräunten Gesicht ziehen sich viele kleine Falten, die sich erst dann zeigen, wenn es seine Mimik zulässt. Auf seinem kurzen, schwarzen Haaren sitzt täglich dasselbe weiße Käppi. Dazu trägt er einfache, schwarzgrüne Funktionskleidung ohne großen Markenaufdruck und seine in die Jahre gekommenen 7-Meilen-Stiefel, deren Leder an den Seiten bereits abblättert.

In der Schutzhütte des High Camp versammeln sich ein dutzend Bergsteiger, die sich von der Tagesetappe des Mardi Himal Treks erholen und akklimatisieren. Die Bedingungen hier sind nicht unbedingt menschenfreundlich. Auf knappen 4.000 Höhenmetern ist die Luft merklich dünn. Kopfschmerzen und Schwindel macht sich bei manchen im Lager breit. Ab dieser Höhe muss man mit der Höhenkrankheit rechnen. Mingma ist selbst mit einer kleinen Gruppe hier, er plant und organisiert die Tagesetappen und versorgt seine Gruppe mit dem nötigen Know-How. Das Ziel der meisten, die hierher kommen, ist das Basecamp auf 4.500 Meter. Es liegt am Fuße des heiligen Berges Machapuchare, einem der formschönsten Gipfel der Erde inmitten der mächtigen Sieben- und Achttausendern des Annapurna Massivs.

Das High Camp besteht aus einer mit Steinen gebauten Schutzhütte mit verstärktem, blauem Wellblechdach und graue, kegelförmige Zelte für die Übernachtung im Freien. Die Unterbringung ist für die Höhenlage erstaunlich gut ausgestattet. Es gibt eine kleine Küche, einen Gemeinschaftsraum und ein Zimmer für die Arbeiter und Bergführer. Mit Packeseln und abgehärteten nepalesischen Lastträgern werden regelmäßig einfache Zutaten für die Bergsteiger in die Hütte geschleppt. Eine Strapaze, die für die Arbeiter Fluch und Segen zugleich sind. Die Armut in Nepal ist trotz des blühenden Tourismus groß und die Jobs sind rar. Viele Männer versuchen sich daher für ein paar Rupien als Träger.

In der Mitte der Stube, zwischen Bänken und Tischen steht ein alter, rußiger Feuerofen, der stetig mit trockenen Wurzeln und Yakdung befeuert wird. Der glühende Kessel speit eine beachtliche Hitze in den Raum, die sich schnell wieder verflüchtigt, sobald jemand die Hütte durch die große Holztür betritt. Zwei der eingetroffenen Bergsteiger wärmen sich dort bereits genüsslich ihre Hände und Zehen. Im Camp herrschte eine wohlige Atmosphäre, während draußen eisiger Wind an die Hauswand peitscht. Am frühen Abend schenkt der Herbergsvater allen heißen Tee ein. Der Tag neigt sich langsam dem Ende zu und es werden Kräfte gesammelt für die letzte Etappe zum Basecamp, die morgen früh im Dunkeln beginnt. Mingma steht noch immer am Fenster und betrachtet das Wetter und die Berge. Sollte Schnee fallen, wird der Aufstieg schwierig.

Warum die meisten Bergbegeisterten hier sind, liegt auf der Hand. Die unvergleichliche Kulisse dieser Gegend zieht viele in den Bann. Die ikonische Bergspitze des Machapuchare sieht man bereits von Pokhara aus und ist wahrlich was Besonderes. Übersetzt bedeutet der Name so viel wie Fischschwanz. Blickt man von westlicher Seite auf den Berg, sieht die markante Doppelspitze aus wie die Flosse eines gigantischen Fisches, der sie beim Eintauchen siebentausend Meter in die Höhe reckt. Für die Nepali ist dieser Berg heilig. Es gibt zwar Trekkingtouren, die bis zum Basecamp führen, besteigen jedoch darf man ihn nicht. Das hat der nepalesische König bereits vor Jahrzehnten so beschlossen. Der Gipfel gilt als Sitz von Buddha und wird deshalb von den Nepali verehrt und von den Alpinisten respektiert.

Als sich die meisten der Bergsteiger im High Camp ausruhen und auf die Bänke legen, ist Mingma immer noch auf den Beinen. Von den vergangenen Etappen scheint er keineswegs erschöpft zu sein. Vier Tage kämpften wir uns man sich durch dichte subtropische Rhododendron Wälder, weiter über die Baumgrenze hinweg und hoch auf einem steinigen Grat zum High Camp. Mingmas Schritt war dabei stets langsam und bedacht, keine Bewegung wirkten überhastet oder unkontrolliert. Als Sherpa ist er in Nepal aufgewachsen und an das Leben in den Bergen gewohnt. Man kennt die Geschichten über die vermeintlichen Superkräfte des Bergvolkes, dass sie schwerer tragen, weiter laufen und länger durchhalten als andere, die nicht aus solch extremen Regionen stammen. Auch für die Höhenkrankheit sind sie weniger anfällig. Diese Erzählungen haben durchaus was Wahres. Die Körper der Sherpa haben sich über die Jahrtausende an die Höhe angepasst und verarbeiten den Sauerstoffgehalt effizienter als andere. Mingma rühmt sich jedoch nicht damit. Er sagt, er habe bereits viel stärkere Leute auf seinen Touren erlebt. Einmal traf er einen Bergläufer, der 2 Meter groß war und die Strecke bis ins High Camp gelaufen ist - an einem Tag!

Sein simples Englisch hat sich Mingma auf seinen vielen Himalaya-Touren selbst beigebracht. Auch wenn er noch kein anderes Land auf der Welt besucht hat, kommen jedes Jahr Leute von überall her, um mit ihm in den Bergen zu wandern. Mingma rückt sich sein weißes Käppi zurecht und sagt: „Ich lerne mehr fremde Kulturen kennen, als ich jemals Länder bereisen könnte, das ist für mich quasi wie Urlaub in der eigenen Heimat", und zuckt mit den Schultern. „Ich merke, wie es den Leuten gut tut in den Bergen zu sein. Hier sind nämlich alle gleich, egal ob Manager oder Farmer, der Beruf oder die Herkunft ist nicht wichtig. Alle haben ein und dasselbe Ziel und denken ausnahmsweise nicht an Morgen oder Übermorgen. Sowas wie Stress oder Hektik hat hier keinen Platz."

Mittlerweile wehen die ersten Schneeflocken im Wind. Erst jetzt wendet sich Mingma vom Fenster ab und legt sich genüsslich auf die Bank und zieht sich sein Käppi ins Gesicht. Auf die Frage, ob man es morgen ins Base Camp schaffen würde, sagt er: „Das ist ein Problem, um das wir uns erst morgen kümmern sollten", und schmunzelt leicht unter seiner Mütze hervor.

WITH MINGMA SHERPA INTO THE HIMALAYAS

Dark clouds gather and, within seconds, darken the sky over the Annapurna massif. "It's going to snow," says Mingma, the short, stocky Nepali of the Sherpa people, as he sips his milk-brewed chiya tea. He is standing at the window of High Camp at an altitude of just under 4,000 meters, looking out over the mountain ranges. It's hard to say whether his comment is cause for concern for the upcoming days of the trekking tour. He remains silent. Mingma has been a porter and mountain guide in Nepal for many years. He knows the area like the back of his hand and is an absolute professional at what he does. He is almost 60 years old and looks amazingly fit. Like many Nepalis, he has a robust and strong physique. Standing there solidly, legs braced in a wide stance, he looks as if a yak bull wouldn't be able to budge him from the spot. Tanned by the autumn sun, his face is creased by numerous fine lines that become evident only when his facial expressions allow it. The same white cap covers his short, black hair every day. He wears simple, greenish-black functional clothing without major branding as well as aging seven-league boots whose leather is already flaking off on the sides.

At High Camp's mountain hut, a dozen climbers gather to acclimatize and recover from the day's stage of the Mardi Himal trek. The conditions here are not exactly people-friendly. At an altitude of nearly 4,000 meters, the air is noticeably thin. Some in the camp suffer from headaches and dizziness. At this altitude and above, you are likely to experience altitude sickness. Mingma is here himself with a small group. He plans and organizes the daily stages and provides his group with the necessary know-how. For most who come here, the destination is the base camp at 4,500 meters. It is located at the foot of Machapuchare, a sacred mountain that is one of the most beautiful peaks on earth. It is situated among the mighty seven- and eight-thousand-meter peaks of the Annapurna massif.

High Camp consists of a stone mountain hut with a reinforced blue corrugated metal roof as well as gray cone-shaped tents for those camping outside. Considering the altitude, the accommodations are surprisingly well equipped. There is a small kitchen, a common room, and a room for the workers and mountain guides. Pack animals and seasoned Nepalese porters haul simple ingredients to the hut for the climbers on a regular basis. It is hard work that is both a blessing and a curse for the workers. Poverty in Nepal is high despite the flourishing tourism, and jobs are scarce. As a result, many men try their luck as porters for a few rupees.

In the middle of the room, between benches and tables, stands an old, rusty stove that is constantly stoked with dry roots and yak dung. The glowing stove radiates considerable heat into the room, which then quickly dissipates as soon as someone enters the hut through the large wooden door. Two of the climbers who have arrived are already happily warming their hands and toes there. A pleasant atmosphere prevails in the camp, while outside icy wind whips against the wall of the hut. In the early evening, the hostel warden pours everyone some hot tea. As the day slowly draws to a close, everyone gathers strength for the last stage to the base camp, which will start early the next morning in the dark. Mingma is still standing at the window, watching the weather and the mountains. If it snows, the climb will be hard.

Why most mountain enthusiasts are here is obvious. Many are captivated by the incomparable scenery of this area. The iconic peak of Machapuchare can even be seen from Pokhara and is truly something special. Translated, the mountain's name means something like fish tail. If you look at the mountain from the west, the distinctive double peak looks like the fin of a giant fish that stretches seven thousand meters into the air as it dives in. For the Nepali people, this mountain is sacred. Although there are trekking tours that lead to the base camp, climbing the mountain is not permitted. This decision was made decades ago by the King of Nepal. The peak is considered to be the seat of Buddha and is therefore revered by the Nepalis and respected by mountaineers.

While most of the climbers at High Camp are resting and stretched out on the benches, Mingma is still on his feet. He does not seem at all exhausted by the previous stages. We have spent the past four days fighting our way through dense subtropical rhododendron forests, on up past the tree line, and high up a stony ridge to High Camp. Mingma's pace was always slow and deliberate, no movement seemed rushed or uncontrolled. As a Sherpa, he grew up in Nepal and is used to life in the mountains. Everyone knows the stories about the supposed superpowers of the mountain people, that they carry heavier loads, run further and last longer than those who do not come from such extreme regions. They are also less susceptible to altitude sickness. There is some truth to these tales. The bodies of Sherpas have adjusted to the altitude over thousands of years and process oxygen content more efficiently than others. Mingma does not boast about this, however. He says he's seen much stronger people on his tours. Once he met a mountain runner who was two meters tall and ran the trail to High Camp—in one day!

Mingma taught himself his simple English on his many Himalayan tours. Even though he has not visited any other country in the world, people from all over the world come here every year to hike into the mountains with him. Mingma adjusts his white cap and says, "I get to know more foreign cultures than I could ever travel to. For me, it's kind of like a vacation in my own country," and shrugs his shoulders. "I notice how it does people good to be in the mountains. After all, here everyone is the same, whether they are a manager or a farmer. Their profession or where they come from is not important. Everyone has one and the same goal and, for once, they are not thinking about tomorrow or the day after that. There is no room for stress or rushing here."

Meanwhile, the first snowflakes are blowing in the wind. Only now does Mingma turn away from the window and lie down with pleasure on the bench, pulling his cap over his face. When asked if it will be possible to make it to base camp tomorrow, he responds: "We can worry about that problem tomorrow," and smiles slightly from under his cap.

DICHTE RHODODENDRON WÄLDER
erstrecken sich auf dem Weg des Mardi Himal Treks und schaffen im Morgengrauen eine mystische Nebelstimmung. Der Wald lichtet sich nach der Baumgrenze und öffnet erstmals der Blick auf den Gipfel des Machapuchare.

DENSE RHODODENDRON FORESTS
stretch along the trail of the Mardi Himal trek, creating a mystical foggy atmosphere at dawn. The forest thins after the tree line and opens up for the first view of the peak of Machapuchare.

DER HEILIGE BERG MACHAPUCHARE (6.993 m) wird wegen seiner flossenähnlichen Form auch Fischschwanz (Fishtail Mountain) genannt. Da der Berg bei den Einheimischen als heilig gilt, wurde er 1964 vom nepalesischen König mit einem Besteigungsverbot belegt. Somit ist einer der formschönsten Gipfel der Welt offiziell immer noch unbestiegen.

THE SACRED MOUNTAIN MACHAPUCHARE (6,993 m) is also called Fishtail Mountain because of its fin-like shape. Since the mountain is considered sacred by the locals, it was banned from climbing by the Nepalese king in 1964. Thus, one of the most beautiful peaks in the world is still officially unclimbed.

DAS ANNAPURNA MASSIV IN NEPAL beeindruckt mit seiner schieren Größe. Die Dimension der Berge lässt sich kaum in einem Foto festzuhalten.

THE ANNAPURNA MASSIF IN NEPAL impresses with its sheer size. It is nearly impossible to capture the sheer size of the mountains in a photograph.

adidas

BEGEGNUNG MIT EINEM BAUERNMÄDCHEN vom Volk der Gurung. Viele von ihnen leben noch traditionell von Viehzucht, Ackerbau und dem Kunsthandwerk, wie dem Verkauf von selbst gewebten Teppichen und Decken.

ENCOUNTER WITH A PEASANT GIRL from the Gurung people. Many of them still live traditionally from raising livestock, farming, and handicrafts, such as the sale of home-woven carpets and blankets.

»What makes this country so unique is the never-ending serenity and charity of the people.«

pepsi

→

IN DEN MARKTSTRASSEN VON KATHMANDU
herrscht wildes Treiben und bereits früh morgens beginnt der Ansturm auf die Verkaufsstände in den Straßen. Laut, hektisch und eng – eine ungewohnte Reizüberflutung, die typisch für die nepalesische Hauptstadt ist.

THE MARKET STREETS OF KATHMANDU
are bustling with activity, and the rush to the stalls in the streets begins early in the morning. Loud, hectic and crowded—an unusual sensory overload that is typical for the Nepalese capital.

PRIVA

Once upon a time in Mustang

DAS VERBOTENE KÖNIGREICH IN NEPAL

Je nördlicher man in Nepal vordringt, desto einsamer und entlegener wird es. Auch die Landschaft ändert sich merklich. Die üppige Vegetation schwindet und die Erde färbt sich rot, braun, beige, beinahe goldig. Nordwestlich von Pokhara, hinter den dicken Mauern des Annapurna liegt hier ein einzigartiges kulturelles Refugium, das lange Zeit von Fortschritt und Moderne isoliert wurde: Das einstige Königreich Mustang.

Der weiße Berg Dhaulagiri und das Annapurna Massiv – mächtige Achttausender, flankieren den Eingang des Distrikts. Eine schmale Straße führt durch die Talenge der Thak Khola, der tiefsten Schlucht der Welt. Das ist die einzige Möglichkeit mit vier Rädern in diese Gegend zu gelangen. In Zeiten des Monsuns brechen hier regelmäßig Teile der ungeteerten Straße in den reißenden Fluss Kali Gandaki, der mit seiner Wucht dunkle Sedimente durch das Tal schwemmt. Täglich fegen um die Mittagszeit tosende Winde durch die Senke. Wie ein einziger Schlot saugen sie die warme Luft aus dem Süden in Richtung Norden und legen einen neuen Schleier Staub über die einsame Straße. Durchquert man den engen Teil der Schlucht, öffnet sich die steile Kerbe allmählich und man blickt in ein trockenes, steiniges Tal, umringt von weißen Gipfeln im südlichen Teil von Mustang.

Was dieses Gebiet so einzigartig macht ist seine Abgeschiedenheit und die Geschichten, rund um diesen Teil von Nepal. Einst war Mustangs ein unabhängiges Königreich, das vor hunderten von Jahren seine Blüte hatte und als Handelszentrum zwischen Tibet und Indien florierte. Das Reich war durch und durch autonom und stark tibetisch geprägt, so dass sich über die Jahrhunderte eine einzigartige, von der Natur und Religion beeinflusste Kultur entwickelt hat. Als die Handelsroute an Bedeutung verlor, kamen immer weniger Menschen in diese Region. Die Abgeschiedenheit, der ertragsarme Boden und die extreme Höhe bedeuteten ein hartes Leben. Viele zogen stattdessen in südlichere Regionen. Die alten Handelspfade durch die Berge wurden mit der Zeit obsolet und verschwanden. Nach der Annektierung Tibets an China verschanzten sich einige tibetische Widerstandskämpfer in den Tälern der Hochebene. Folglich wurde der Zutritt in das Königreich für jeden Auswärtigen verboten und das Gebiet im oberen Mustang war bis in die 1990er Jahre komplett isoliert. So entstand bis heute ein geheimnisvolles Reich, das viele Jahrzehnte niemand sehen und erforschen durfte: ein weißer Fleck auf der Landkarte und ein magischer Ort, an dem uralte Traditionen bewahrt wurden, abgeschirmt vom Einfluss der Moderne. Die Vorstellung, ein so unberührtes Königreich inmitten der höchsten Berge der Welt zu erforschen, weckte die Neugier vieler Abenteurer und als die Region nach Jahren der kompletten Isolation zugänglich wurde, kamen viel, um das verbotene Königreich endlich zu erkunden.

Es gibt viele Geschichten und Erzählungen über den König von Mustang, einige davon klingen wie aus einem Märchen entsprungen. Weit im Norden, in einem Tal hinter den weißen Bergen und den roten Mauern der jahrhunderten alten Stadt Lo-Manthang lebte bis vor wenigen Jahren der letzte König von Mustang. Jigme Dorje Palbar Bista, herrschte über die wenigen Verbliebenen, das Volk der Lopa. Er galt als gutmütiger, alter Regent der – so die Erzählung – mit Strickmütze statt Krone regierte und raue Lederstiefel trug. Alleinig sein goldener Siegelring verriet seine königliche Herkunft. Sein wertvollstes Hab und Gut waren Ziegen, Schafe und Pferde. Das Schloss in dem er lebte, war aus Lehm und Steinen erbaut worden und thronte auf den sandfarbenen Hügeln der Hochebene von Mustang. Bewacht von einer pechschwarzen tibetischen Dogge. Er war ein König, der jeglichen Luxus verschmähte, und die jahrhundertealten Traditionen wie einen Schatz hütete. So gilt die Gegend heute als das Vermächtnis der Lopa und ihres Königs.

Die ehemalige königliche Hauptstadt Lo-Manthang bewohnen heute noch einige hundert Menschen. Das Leben auf 4.000 Höhenmetern ist rau, im Regenschatten der Berge ist das Gebiet sehr trocken und die Bewirtschaftung ohne den Fluss Kali Gandaki fast undenkbar. Die Menschen leben einfach, Nahrung und Wasser sind knapp. Sie sind jedoch bescheiden, streng religiös und hatten nie das Streben nach Wohlstand, Anerkennung oder Macht. Solange es Palbar Bista gab, sollte hier nicht der Materialismus regieren. Er war sich seinem jahrhundertealten kulturellen Erbe bewusst. Die Angst es zu verlieren und davor, dass Mustang ein touristisches Produkt werden könnte war groß.
Mittlerweile wurden die Grenzen des Reiches von der Regierung Nepals geöffnet und die Monarchien der Rajas, den nepalesischen Königen, im ganzen Land aufgehoben. Das einst verbotene Königreich im Norden Mustangs darf heute nur mit bestimmten Permits betreten werden und gilt als das größte und älteste Schutzgebiet von Nepal, das zum Erhalt der Kultur der Lopas dient. Durch den südlichen Teil Mustangs laufen neue Trekkingrouten, das Gebiet öffnet sich langsam und mit den Menschen kommt auch die Moderne. Trotz all dem genießt dieses Gebiet noch immer den Charme eines unberührten Königreiches, das wenig von seiner Mystik verloren hat. Verlassene Täler, uralte Klöster an den Berghängen, nur das Tosen des Windes in einer schier endlosen Steinlandschaft. Wer hier unterwegs ist, hat das Gefühl am Ende der Welt angekommen zu sein, ohne zu wissen, was hinter dem Horizont wartet.

»What makes this area so unique is its remoteness and the stories surrounding this part of Nepal.«

THE FORBIDDEN KINGDOM IN NEPAL

The further north you go in Nepal, the lonelier and more remote it becomes. The landscape changes noticeably as well. The lush vegetation disappears and the ground takes on shades of red, brown, beige, almost golden. Northwest of Pokhara, behind the thick walls of Annapurna, lies a unique cultural refuge long isolated from progress and modernity: the former kingdom of Mustang.

The white mountain Dhaulagiri and the Annapurna massif—mighty 8,000-meter peaks—flank the entrance of the district. A narrow road leads through the Thak Khola gorge, the deepest gorge in the world. This is the only way to get into this area on four wheels. During monsoon season, parts of the unpaved road regularly break off into the raging Kali Gandaki river, whose force washes dark sediments through the valley. Every afternoon, violent winds sweep through the valley. Like a unique funnel, the winds suck the warm air from the south towards the north and drape a new veil of dust over the lonely road. When you cross the narrow part of the gorge, the steep notch gradually opens up to reveal a view of a dry, stony valley surrounded by white peaks in the southern part of Mustang.

What makes this area so unique is its remoteness and the stories surrounding this part of Nepal. Mustang was once an independent kingdom that flourished hundreds of years ago as a trading center between Tibet and India. The kingdom was thoroughly autonomous and strongly Tibetan, and a unique culture influenced by nature and religion developed over the centuries. As the trade route lost importance, fewer and fewer people came to this region. The remoteness, the infertile soil, and the extreme altitude meant a hard life. Instead, many moved to more southerly regions. The old trade routes through the mountains became obsolete over time and disappeared. After the annexation of Tibet to China, some Tibetan resistance fighters entrenched themselves in the valleys of the high plateau. As a result, entry into the kingdom was forbidden to any outsiders and the area in Upper Mustang was completely isolated until the 1990s. That is how a mysterious kingdom was created that has lasted until today—one which no one was allowed to see or explore for many decades: a white spot on the map and a magical place where ancient traditions were preserved, shielded from the influence of the modern age. The idea of exploring such an untouched kingdom situated amidst the highest mountains in the world aroused the curiosity of many adventurers. When the region became accessible after years of complete isolation, many came to finally explore the forbidden kingdom.

There are many stories and tales about the King of Mustang, some of which sound like something out of a fairy tale. Far to the north, in a valley behind the white mountains and the red walls of the centuries-old city of Lo-Manthang, the last king of Mustang lived until just a few years ago. Jigme Dorje Palbar Bista ruled over the few remaining there, the Lopa people. He was considered as a good-natured old regent who—so the story goes—ruled wearing a knitted cap instead of a crown and wore rough leather boots. Only his golden signet ring betrayed his royal origin. His most valuable possessions were goats, sheep, and horses. The castle in which he lived was made of clay and stones and was perched on the sandy hills of the Mustang plateau, where he was guarded by a pitch-black Tibetan mastiff. He was a king who spurned all luxuries and guarded the centuries-old traditions like a treasure. Today the area is considered to be the legacy of the Lopa and their king.

Lo-Manthang, the former royal capital, is still home to several hundred people. Life at an altitude of 4,000 meters is harsh. In the rain shadow of the mountains, the area is very dry and farming would be nearly unthinkable without the Kali Gandaki river. People lead a simple life; food and water are scarce. They are humble, strictly religious, and have never striven for wealth, recognition, or power. As long as Palbar Bista existed, materialism would not rule here. He was aware of his centuries-old cultural heritage. The fear of losing that heritage and of Mustang becoming a tourist commodity was great.

In the meantime, the borders of the kingdom were opened by the government of Nepal, and the monarchies of the Rajas, the Nepalese kings, were abolished throughout the country. The once forbidden kingdom in northern Mustang can now only be entered with certain permits. It is considered to be the largest and oldest protected area of Nepal, which serves to protect the culture of the Lopas. New trekking routes now run through the southern part of Mustang; the area is slowly opening up, and with the people comes the modern age. Despite all this, the area still enjoys the charm of an untouched kingdom that has lost little of its mystique. Deserted valleys, ancient monasteries on the mountain slopes, only the roaring of the wind in a seemingly endless stone landscape. Anyone traveling here will feel like they've arrived at the end of the world without knowing what awaits beyond the horizon.

NÖRDLICH VON KAGBENI
beginnt der obere Mustang Distrikt. In dieses geschützte Gebiet gelangt man nur mit einer speziellen Erlaubnis. Folgt man dem Fluss Kali Gandaki von Kagbeni aus weiter nach Norden, so blickt man in ein weites, nahezu vegetationsloses Tal. Es ist ein Reich aus Sand, Geröll und Felsen, geformt von den Kräften der Kontinentaldrift, der Wucht des Flusses und den ständig tosenden Winden.

NORTH OF KAGBENI
the upper Mustang district begins. You can only enter this protected area with a special permit. If you follow the Kali Gandaki river further north from Kagbeni, you will look into a wide valley nearly devoid of vegetation. It is a realm of sand, boulders and rocks, shaped by the forces of continental drift, the force of the river and the constantly raging winds.

IM BUDDHISTISCHEN KLOSTER VON MARPHA studieren die jungen Mönche die traditionelle tibetische Silbenschrift, in der die ursprünglichen Texte der tibetischen Buddhisten geschrieben sind.

IN THE BUDDHIST MONASTERY OF MARPHA the young monks study the traditional Tibetan syllabary, in which the original texts of the Tibetan Buddhists are written.

ZENITH

179

South Korea

Südkorea ist dynamisch und immer in Bewegung. Wie das in sich windende Symbol der Flagge steht das Land für Antrieb, Energie und die vielen Gegensätze die als Sinnbild des Landes stehen. Innovation und Zeitgeist treffen auf jahrtausendealte Kultur, urbane Millionenmetropolen auf exotische Naturlandschaften, exzellente Sterneküche auf simples Street Food und sattgrüne Berggipfel auf dunkle Vulkanstrände. In all dieser Widersprüchlichkeit entsteht in diesem Land ständig Neues, Unvorhergesehenes, was ihm seine unumstrittene Einzigartigkeit und Coolness verleiht, die weltweit seinesgleichen sucht.

South Korea is dynamic and always on the move. Like the winding symbol of the flag, the country stands for drive, energy, and the many contrasts that symbolize the nation. Innovation and zeitgeist meet millennia-old culture, urban metropolises with millions of inhabitants meet exotic natural landscapes, award-winning cuisine contrasts with simple street food, and lush green mountain peaks with dark volcanic beaches. Amid all these contrasts, something new and unexpected is constantly emerging in South Korea. And that is what lends the country its undisputed uniqueness and coolness that is unparalleled anywhere in the world.

DONGKUK STEEL
125
117
117
116
109
108
108
116

114
LOTTE CASTLE 111
115
LOTTE CASTLE 110
106
106
111
105
105

DIE MEGAMETROPOLE BUSAN
liegt im Südosten der Insel und ist eingebettet zwischen den Hügeln vor der Küste und dem japanischen Meer. Betonfassaden, Wohnblöcke, Einkaufszentren soweit man blickt und dazwischen gewaltige Brücken, die die Küstenabschnitte miteinander verbinden. Busan verdient im wahrsten Sinne die Bezeichnung Mega-City.

THE MEGA-METROPOLIS OF BUSAN
is located in the southeast of the island and is nestled between the hills along the coast and the Sea of Japan. Concrete facades, apartment blocks, and shopping malls as far as you can see, with massive bridges connecting the coastal sections in between. Busan truly deserves to be called a mega-city.

LOTTE CASTLE GIANT

보광기획

DONGDAEMUN DESIGN PLAZA IN SEOUL
gehört zu einem Kultur- und Parkkomplex inmitten des gleichnamigen Einkaufsviertels. Die ungewöhnliche Architektur bricht die urbane Landschaft der Stadt mit ihren fließenden, harmonischen Linien.

DONGDAEMUN DESIGN PLAZA IN SEOUL
is part of a cultural and park complex in the middle of the shopping district bearing the same name. The unusual architecture breaks up the city's urban landscape with its flowing, harmonious lines.

₩1.000

DIE KOCHKÜNSTE KOREANISCHER FRAUEN werden in Südkorea sehr geschätzt. Viele Streetfood-Küchen werden deshalb von Frauen betrieben. Man sagt, ihr Können wird unter anderem an der Fähigkeit gemessen, schmackhaftes Kimchi einzulegen.

THE COOKING SKILLS OF KOREAN WOMEN are highly valued in South Korea. Many street food kitchens are therefore run by women. It is said that their skills are measured, among other things, by their ability to pickle tasty kimchi.

→

ARBEITSBEGINN IN BUSAN
am frühen Morgen. Dieser Straßenverkäufer wartet noch auf Kundschaft. Bis zum Abend werden fast alle seiner Trockenfrüchte verkauft sein.

START OF WORKDAY IN BUSAN
in the early morning. This street vendor is still waiting for customers. By the evening, almost all of his dried fruit will be sold.

DAS RAINBOW VILLAGE VON GAMCHEON
war einst das Armenviertel von Koreas größter Hafenstadt Busan. Dank einer außergewöhnlichen Initiative von Bewohnern, Künstlern und der lokalen Regierung hat sich die ganze Ortschaft in ein einziges Kunstdorf verwandelt, mit zahlreichen Galerien, Ateliers und Streetart.

THE RAINBOW VILLAGE OF GAMCHEON
was once the poor district of Korea's largest port city of Busan. Thanks to an extraordinary initiative by residents, artists, and the local government, the whole village has been transformed into a single art village, with numerous galleries, studios, and street art.

The legendary south

KOREAS VULKANINSEL

Wer an Südkorea denkt, wird wahrscheinlich an Kimchi, Smartphones mit Turbo-Internet und verrückte koreanische Popmusik denken, und wohl weniger an schwarze Strände, einzigartige Vulkanlandschaften und tauchende Seefrauen. Vielleicht ist genau deshalb Jeju zu der außergewöhnlichen und pittoresken Insel geworden, die die Koreaner lieben, und die im Westen kaum jemand kennt. Die kleine Insel im äußersten Süden Koreas ist für viele der perfekte Gegenentwurf zu den stressigen und hektischen Metropolen am Festland. Von den Einheimischen wird die Insel schlicht als das Hawaii Koreas betitelt und dient vielen als Flucht aus der Großstadtmoderne, hinein in ein scheinbar unberührtes Naturparadies, das bei Wanderfreunden ebenso umschwärmt wird, wie bei frisch verheirateten Liebespaaren.

Für die Koreaner gilt Jeju als die Insel der Geheimnisse. Zahlreiche Mythen und Legenden ranken sich um die Vulkaninsel, die aufgrund ihrer isolierten Lage von Koreas Festland eine ganz eigene Kultur hervorgebracht hat. Der Erzählung nach stiegen aus drei Löchern im Boden, die Halbgötter Go, Ryang und Bu und teilten die Insel in Abschnitte auf: Ildo, Ido und Samdo auf – für jeden Halbgott einen. Die Kerben in der Erdoberfläche, die Löcher der drei Klans, sind bis heute sichtbar. Mittlerweile steht dort ein Altar als Andenken an die Urväter der Insel. Hinter jeder Legende steckt bekanntlich auch ein Funke Wahrheit. Vor Millionen von Jahren entsprang die Insel tatsächlich aus vulkanischen Löchern im Boden, die die Insel formten und schwarze Strände und die typische, mit Kratern übersäte Landschaft hinterließ.

Der heimliche Schöpfer der Insel ist der knapp 2000 Meter hohe Vulkan Hallasan, der in der Mitte des Eilandes in die Höhe schießt. Er ist oft von Nebelschwaden umhüllt. Eine Legende besagt, dass auf dem Gipfelkrater die Götter mit weißen Rehen und Hirschen spielen. Das schürt natürlich die Neugier jedes Abenteurers und führt dazu, dass eine der vielen koreanischen Obsessionen auf der Insel großen Anklang findet: dem Wandern. Mit eisernem Willen, hohen Tempo, und Funktionskleidung von der Zehe bis zum Haaransatz beschreitet der Koreaner seine Wanderausflüge, natürlich auch auf den Gipfel des Mount Hallasan. Zu Recht ist die Insel mit seinen zahlreichen Wanderrouten ein wahres Trekkingparadies mit unvergleichlicher Kulisse.

Man erzählt sich, es gäbe drei Dinge auf der Insel: Pechschwarze Steine, tosende Meereswinde und vor allem starke Frauen, die heute noch als lebende Wahrzeichen an den felsigen Küsten von Jeju nach Tintenfischen, Seeigeln und Muscheln tauchen. Sie sind die berühmten Haenyeo, die Seefrauen von Jeju. Sie sind mittlerweile als Sinnbild der Emanzipation in ganz Korea bekannt. Mit

Stolz betiteln sie sich als das einzige Matriarchat in Korea. Und das in einem überwiegend streng konfuzianischen Staat, in dem Frauen schon immer eine untergeordnete Rolle im öffentlichen Leben spielten.

Früher, als Jeju noch für viele koreanische Herrscher als Gefängnisinsel galt, war das Leben auf der Insel sehr hart, selbst Bäume verkümmerten unter den tosenden Winden des Meeres. Wer konnte, flüchtete von dem kargen Inselleben, auf das vielversprechende Festland. Es waren vor allem die Männer, die ihre Frauen und Mütter verließen, um ein besseres Leben im Norden zu suchen. Die Frauen jedoch blieben auf der Insel, um ihre Kinder zu versorgen, sie groß zu ziehen und zu arbeiten. Viele schlossen sich daher den Haenyeos an, tauchten nach Meeresfrüchten und verkauften die Delikatessen dann auf dem Markt. Damit verschafften sie sich ein selbstbestimmtes und unabhängiges Leben. Heute ist der Berufsstand der Seefrauen ein aussterbendes Kulturgut. Niemand möchte in die Fußstapfen der Frauen treten und diesen anstrengenden und gefährlichen Beruf weiterführen.

Die meisten der Taucherinnen sind bereits im hohen Alter, sie tauchen bis sie 70 Jahre alt sind, oder das Meer sie vorher verschlingt. Nicht wenige sterben bei ihren riskanten Tauchgängen und der starken Strömungen. Die Frauen tauchen streng nach dem Mondkalender und in festgelegten Rhythmen. Im Sommer, sowie im Winter. Immer ohne Atemgerät, in bis zu 20 Meter Tiefe. Eine bemerkenswerte Leistung. Ihre Lungen fassen bis zu doppelt so viel Sauerstoff wie die eines normalen Menschen und können so minutenlang unter Wasser bleiben. Die Seefrauen haben sich so ein mystisches Image aufgebaut, als wären sie einer Figur aus einer der zahlreichen Legenden der Insel entsprungen.

Neben dem Heimatort der emanzipierten Seefrauen und einem Wander- und Trekkingparadies der Koreaner hat sich die südliche Destination auch als romantisches Reiseziel von frisch verheirateten Pärchen etabliert. Die Insel soll angeblich das Liebesleben der Paare beflügeln. Dafür sorgt das berühmte Lava-Männchen dol hareubang, eine skurrile Totem-Fratze, die überall verstreut auf der Insel steht. Früher als Beschützer der Stadttore von Jeju Stadt bekannt, ist es heute ein Symbol der Fruchtbarkeit. Mit seiner großen Nase, wuchtigen Muschelohren und seinem langen Glockenhut ist die Ähnlichkeit zu einem Phallus unverkennbar. Schwangere streicheln laut einem alten Brauch zufolge die Nase oder das Ohr des steinernen Männchen, je nachdem ob sie sich einen Jungen oder ein Mädchen wünschen.

Es gibt also viele Gründe Zeit auf Jeju zu verbringenm ob es ein kultureller Deep Dive mit den Haenyeos ist, ein Trekkinghighlight auf den Mount Hallasan, oder küssend mit seinem Partner auf einem der unzähligen Strände abzuhängen. Wer dann noch nicht genug hat, tut es einfach den Koreanern gleich – und googelt. Denn auf der Insel gibt es überall turboschnelles Internet.

KOREA'S VOLCANIC ISLAND

When you think of South Korea, you probably tend to think of kimchi, smartphones with lightning-fast Internet and crazy Korean pop music, and probably less of black beaches, unique volcanic landscapes, and diving sea women. Maybe that is precisely why Jeju has become the extraordinary and picturesque island that Koreans love and that hardly anyone in the West knows about. For many, the small island in the far south of Korea is the perfect antithesis to the stressful and bustling metropolises on the mainland. Locals refer to the island simply as Korea's Hawaii, and it serves many as an escape from the modernity of the big city into a seemingly untouched natural paradise that is idolized by hiking enthusiasts and newlyweds alike.

For Koreans, Jeju is considered the island of secrets. Numerous myths and legends have grown up around the volcanic island, which, due to its isolated location from the Korean mainland, has produced a culture all its own. According to legend, the demigods Go, Ryang, and Bu rose from three

»It is said that three things
can be found on the island:
pitch-black rocks, raging sea winds,
and, above all, strong women.«

DIE SEEFRAUEN VON JEJU
sind bereits heute das lebende Wahrzeichen der Insel. Die Haenyeo tauchen in bis zu 20 Meter Tiefe, ohne Sauerstoffflasche, um nach Meeresfrüchten zu suchen und sie auf dem Markt zu verkaufen. Sie stehen für die Emanzipation und eine mutige Frauenbewegung in Korea. Leider leben nur noch wenige Hundert von ihnen – der Beruf der Meerestaucherinnen stirbt langsam aus.

THE SEA WOMEN OF JEJU
are already the living emblem of the island. The Haenyeo dive at depths of up to 20 meters without an oxygen tank in search for seafood to sell at the market. They represent emancipation and a courageous women's movement in Korea. Unfortunately, only a few hundred of them are still alive—the profession of female sea divers is slowly dying out.

holes in the ground and divided the island into sections: Ildo, Ido, and Samdo—one section for each demigod. The notches in the earth's surface, the holes of the three clans, are still visible today. An altar now stands there as a memorial to the island's forefathers. It is well known that a kernel of truth can be found in each legend. Millions of years ago, the island actually was formed as a result of volcanic activity originating through holes in the ground, leaving black beaches and the typical landscape dotted with craters.

The secret creator of the island is Hallasan, a volcano nearly 2,000 meters in height which rises up in the middle of the island. It is often shrouded in clouds of mist. According to one legend, the gods play with white deer and stags on the summit crater. Needless to say, this piques the curiosity of adventurers and has led to the enormous popularity of hiking, just one of the many Korean obsessions on the island. Koreans embark on their hiking excursions with an iron will, a fast pace, and clad head to toe in functional clothing—and their destinations naturally also include the summit of Mount Hallasan. With its numerous hiking trails, the island has earned its reputation as a true trekking paradise with incomparable scenery.

It is said that three things can be found on the island: pitch-black rocks, raging sea winds, and, above all, strong women who today are still considered living landmarks by diving in search of squid, sea urchins, and mussels along the rocky shores of Jeju. They are the famous Haenyeo, the sea women of Jeju. They are now known as a symbol of emancipation throughout Korea. They proudly call themselves the only matriarchy in Korea. And this in a primarily Confucian state in which women have always played a subordinate role in public life.

In the past, when Jeju was still considered a prison island for many Korean rulers, life on the island was very hard; even trees were stunted as a result of the raging sea winds. Those who could fled from the barren island life to the promising mainland. It was mainly the men who left their wives and mothers behind in search of a better life in the north. The women, however, remained on the island to care for their children, raise them, and to work. As a result, many joined the Haenyeos, diving for seafood and selling the delicacies at the market. In doing so, they provided themselves with a self-determined and independent life. Today the profession of the sea women is a cultural asset that is dying out. No one wants to follow in in the footsteps of these women and continue this strenuous and dangerous profession.

Most of the divers have already reached an advanced age. They dive until they are 70 years old, or until the sea swallows them first. Quite a few die in the course of their risky dives and in the strong currents. The women dive strictly according to the lunar calendar and in fixed rhythms, in summer and winter alike. They never a use breathing apparatus, diving to depths of up to 20 meters—a remarkable achievement! Their lungs hold up to twice as much oxygen as those of a normal human being, which enables them to remain underwater for minutes at a time. The sea women have thus built up a mystical image, as if they were a character that had sprung from one of the island's many legends.

In addition to being home to these emancipated sea women and a hiking and trekking paradise for Koreans, this southern destination has also established itself as a romantic destination for newlywed couples. The island is reputed to inspire the love life of couples. This is ensured by the famous dol hareubang, quirky male lava figures carved of stone that are scattered all over the island. Formerly known as the protectors of the city gates of Jeju, these statues are now also a fertility symbol. With a broad nose, massive shell ears, and a tall bell-shaped hat, the resemblance to a phallus is unmistakable. According to an ancient custom, pregnant women stroke either the nose or the ear of the stone statues, depending on whether they are hoping for a boy or a girl.

There are many reasons to spend time on Jeju, whether it's a cultural deep dive with the Haenyeos, a trekking highlight on Mount Hallasan, or making out with your partner on one of the countless beaches. If you still haven't had enough, just do as the Koreans do—and turn to Google, because there is lightning-fast Internet everywhere on the island.

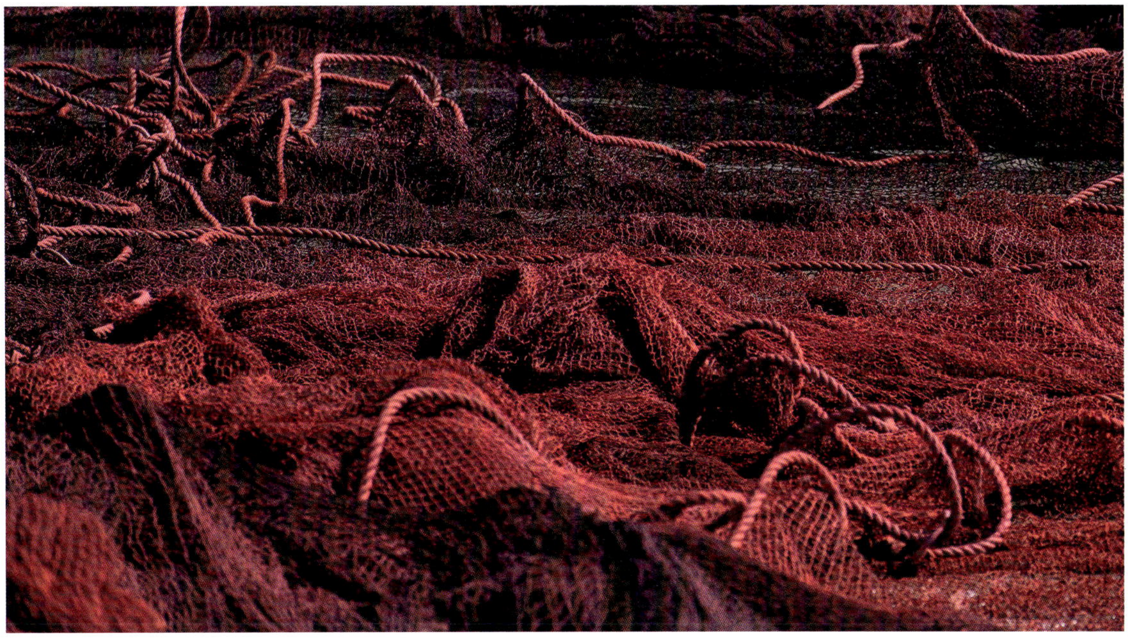

SPEKTAKULÄRE LAVAFORMATIONEN an der Südküste von Jeju entstanden durch einen Vulkanausbruch und das schnelle Abkühlen der Lava im Wasser.

SPECTACULAR LAVA FORMATIONS on the southern coast of Jeju were formed by a volcanic eruption and the rapid cooling of the lava in the water.

209

Myanmar

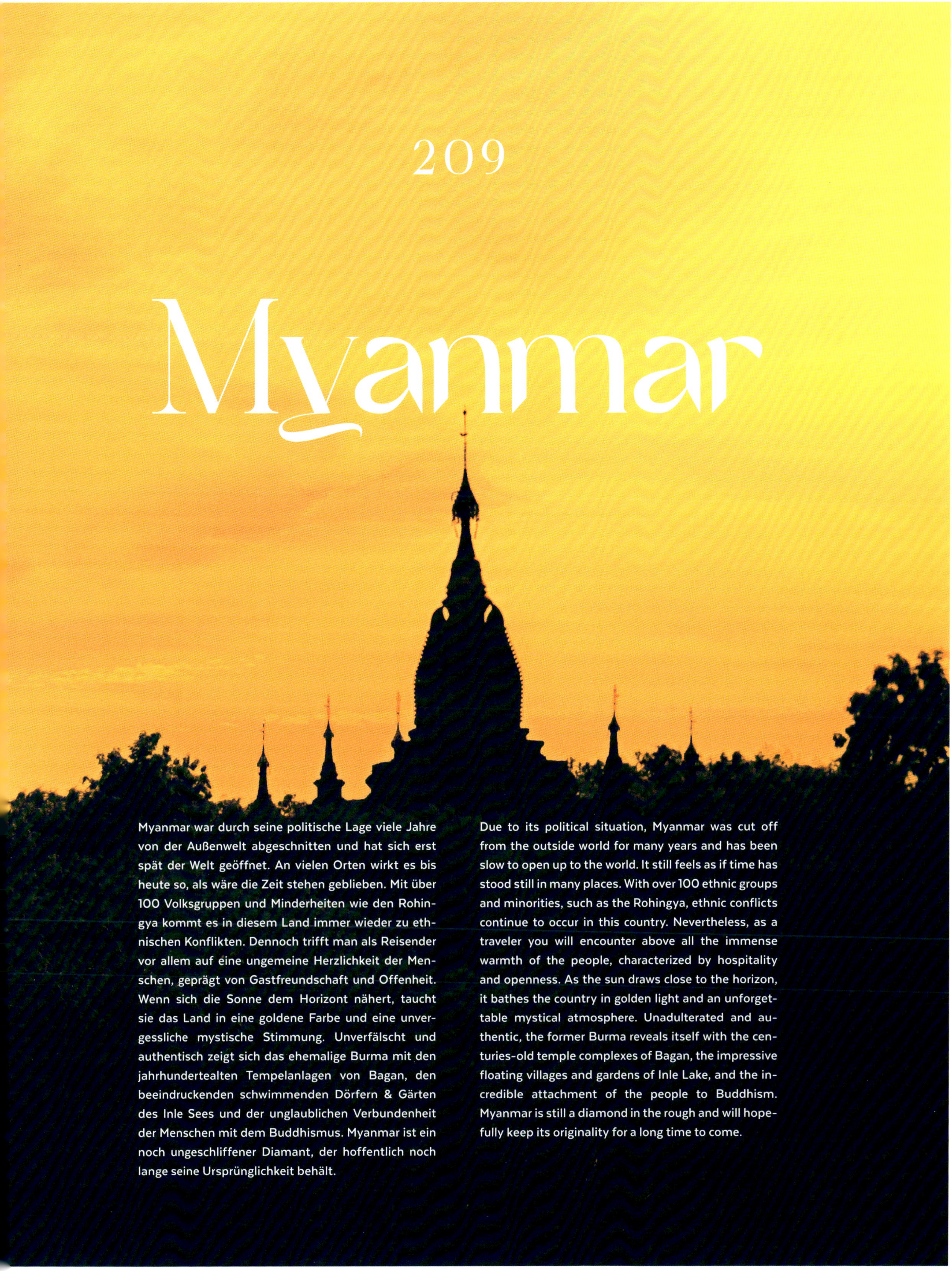

Myanmar war durch seine politische Lage viele Jahre von der Außenwelt abgeschnitten und hat sich erst spät der Welt geöffnet. An vielen Orten wirkt es bis heute so, als wäre die Zeit stehen geblieben. Mit über 100 Volksgruppen und Minderheiten wie den Rohingya kommt es in diesem Land immer wieder zu ethnischen Konflikten. Dennoch trifft man als Reisender vor allem auf eine ungemeine Herzlichkeit der Menschen, geprägt von Gastfreundschaft und Offenheit. Wenn sich die Sonne dem Horizont nähert, taucht sie das Land in eine goldene Farbe und eine unvergessliche mystische Stimmung. Unverfälscht und authentisch zeigt sich das ehemalige Burma mit den jahrhundertealten Tempelanlagen von Bagan, den beeindruckenden schwimmenden Dörfern & Gärten des Inle Sees und der unglaublichen Verbundenheit der Menschen mit dem Buddhismus. Myanmar ist ein noch ungeschliffener Diamant, der hoffentlich noch lange seine Ursprünglichkeit behält.

Due to its political situation, Myanmar was cut off from the outside world for many years and has been slow to open up to the world. It still feels as if time has stood still in many places. With over 100 ethnic groups and minorities, such as the Rohingya, ethnic conflicts continue to occur in this country. Nevertheless, as a traveler you will encounter above all the immense warmth of the people, characterized by hospitality and openness. As the sun draws close to the horizon, it bathes the country in golden light and an unforgettable mystical atmosphere. Unadulterated and authentic, the former Burma reveals itself with the centuries-old temple complexes of Bagan, the impressive floating villages and gardens of Inle Lake, and the incredible attachment of the people to Buddhism. Myanmar is still a diamond in the rough and will hopefully keep its originality for a long time to come.

PRÄCHTIGE TEMPELANLAGEN IN BAGAN
soweit das Auge reicht und eine fast surreal wirkende Pagodenlandschaft. Über 2000 Bauten der einstigen Königsstadt lassen sich hier auf eigener Faust erkunden.

MAGNIFICENT TEMPLES IN BAGAN
as far as the eye can see and an almost surreal pagoda landscape. Over 2000 buildings of the former royal city can be explored here on your own.

BIRMANISCHES MAKEUP
wird aus feiner Baumrinde gerieben. Die gelblich-weiße Thanaka-Paste pflegt und kühlt die Haut und schützt auch vor der starken Sonne.

BURMESE MAKEUP
is grated from fine tree bark. The yellowish-white Thanaka paste nourishes and cools the skin and also protects against the strong sun.

»Traveling is less about
moving fast and more
about the moments coming
along the way.«

Breakfast for Buddha

DIE KINDERMÖNCHE IN MYANMAR

Lautlos schleicht die graue Katze am offenen Fenster des Klosters entlang. Ihre dunkle Silhouette streckt sich genüsslich im dunkelblauen Licht des frühen Morgens. Die alten Holzdielen des buddhistischen Klosters ächzen und knarren, auch wenn die jungen Mönche sich auf leisen Sohlen durch den Schlafsaal bewegen. Es ist 4.30 Uhr. Für rund dreißig kahlrasierte Köpfe beginnt nun die strenge, morgendliche Routine im Kloster. Die meisten der Mönche schlafen in dem großen Saal auf dünnen Matten mit weißen Laken. Die hohen Decken, des aus Holz und Wellblech Dach gebauten Klosters lassen den Raum riesig wirken. Umso kleiner wirken die jungen Novizen, die mit gekonnten Handgriffen ihren Schlafplatz wieder zurecht richten. Die Einzigen, die den frühen Rhythmus mit den Kindern teilen, sind die wilden Katzen, die es sich nachts im Kloster gemütlich machen.

Das Kloster befindet sich südlich der Stadt Mandalay, versteckt in den Hügeln des Inlands von Myanmar. Ab und zu wandern hier Touristen vorbei um dort gegen eine kleine Gebühr zu übernachten. Für das Kloster ist das ein guter Nebenerwerb, denn wie die meisten buddhistischen Einrichtungen leben sie hauptsächlich von Almosen und Spenden. Das Kloster selbst ist aufgeteilt in ein großes Hauptgebäude mit Gebetsraum und Altar, sowie dem großen Schlafsaal und einem Seitenflügel, in dem vorwiegend gespeist wird. Auf dem Dach türmen sich zwei spitz zulaufende, pyramidenförmige Türme, das dunkle, erodierte Blech kann man schon von weitem sehen. Großartige Verzierungen oder goldenes Dekor gibt es nicht. Den Zauber der prächtigen, vergoldeten Tempel und Pagoden, den man von vielen kitschigen Ansichtskarten kennt, findet man meist nur in Großstädten. Dieses Kloster ist einfach und spartanisch gebaut. Die hölzerne Fassade war einst dunkelrot bemalen, die Türen und Fensterrahmen in einem grauen Hellblau gestrichen. Vor dem Treppenaufgang befindet sich ein gut gepflegter Hof aus roter Erde und einem Fußballtor, gebaut aus alten Baumstämmen. Auf der hinteren Seite des Klosters befinden sich zwei schulterhohe Betonmauern die einen gefüllten Wassertrog als Sichtschutz dienen. Hier wird gebadet und die Kleidung der Mönche gewaschen. Wer in diesem Kloster lebt, lebt ein einfaches Leben. Ganz nach dem Sinne Buddhas.

Ihre Schädel sind kahl, ihre Füße nackt und ihre Blicke wirken streng. Mit Rasierklingen aus China werden Ihnen die Köpfe rasiert, nicht selten gibt es dabei Verletzte. Mit dem Kahlschlag streifen die Kinder ihre alte Identität ab. Ihnen werden alle Habseligkeiten genommen, am Ende auch ihre Kleidung und ihre Haare. Sie tragen kupferrote Roben – das ist alles was sie haben. Von nun an sind sie alle gleichgestellt. Mit dem Eintritt ins Kloster werden sie der strengen buddhistischen Lehre unterzogen. Und doch wirken sie nicht unglücklich. Die meisten Kinder in diesem Kloster sind als Waisen hierher gekommen oder stammen aus schwierigen Verhältnissen. Das Kloster ist ihr Auffangbecken, ihre neue Heimat, soziales Umfeld und eine Möglichkeit auf Bildung, in einem Land in dem noch immer viel Armut und Arbeitslosigkeit herrscht.

In Myanmar ist es Tradition, dass jeder Mann einmal in seinem Leben ins Kloster geht. Wann und wie lange er das macht, sei ihm überlassen. Viele Kindermönche sind deshalb nur einige Wochen dort als Mönch auf Zeit, andere jedoch ihr ganzes Leben lang. Das bedeutet strenge Regeln zu befolgen und viel Disziplin und Ordnung an den Tag zu legen. Es bedeutet aber auch ein großes Ansehen bei der Bevölkerung genießen zu dürfen. Wer sein Leben dem Buddhismus widmet, dem wird in der Gesellschaft viel Respekt gezeigt. Es ist quasi eine Selbstverständlichkeit als Burmese den Mönchen Spenden in Form von Essen, Geld oder gebräuchliche Alltagsgegenstände zu geben um, so der Glaube, sein Karma aufzubessern.

Die Sonne ist noch hinter dem Horizont und die kleinen Novizen sitzen bereits im Schneidersitz vor dem Altar eines goldenen Buddhas in Lotuspose und langgezogenen Ohrlappen. Sie falten die Hände und schließen die Augen und lauschen dem Mönch auf dem Podest der das Gebet leitet. Einige kämpfen sich, der Müdigkeit trotzend, durch die buddhistische Gesänge des Morgengebets. Es ist ein monotones Beten verschiedener Mantras, begleitet von rhythmischen Klängen einer Handglocke – eine Mischung aus lärmendem Krawall und meditativen, sich immer widerholenden Silben. So klingt das zumindest für einen Außenstehenden. Das Beten hat nun mittlerweile auch die anderen Gäste aus dem Schlafsaal geweckt. Einige sind sichtlich beeindruckt von der morgendlichen Disziplin der kleinen Novizen.

Nach dem Gebet wird die Speisetafel gedeckt. Die Mönche essen ein wenig abseits der Gäste und nehmen am Boden Platz. Besteck zum Essen gibt es dabei nicht, es ist üblich mit seiner rechten Hand zu essen. Geschickt krallen sie Reis mit drei Fingern zu mundgerechten Klumpen zusammen und mischen es mit Trockenfisch und frittierten Bohnen. Für die Mönche ist die frühe Mahlzeit die einzige im Alltag und nicht selten gehen die Kinder abends mit einem gehörigen Hungergefühl ins Bett.

Am späten Morgen packen die Gäste im Kloster bereits ihre Rucksäcke und bereiten sich auf die Abreise vor. Vor ihrem Abschied lassen viele von ihnen kleine Spenden für die Kinder da: einige Scheine Kyat, übrige Knabbereien oder Süßigkeiten. Einer der kleinen Mönche an vorderster Front, schnappt sich seine Beute, packt sie blitzschnell unter seine Robe und rennt in den Gebetsraum nebenan. Vor der großen Buddha Statue bleibt er stehen und zieht eine Packung Schokolade hervor, packt sie aus und teilt sie in zwei Hälften. Den großen Teil davon legt er auf den Altar, den Anderen schiebt er zwischen seine Backen. Mit geschlossenen Augen und vollem Mund steht der kleine Mönch neben der Buddha Statue und kaut genüsslich seine halbe Portion Schokolade. Schwer zu beurteilen wer in diesem Moment mehr göttliche Zufriedenheit ausstrahlt, der kleine Mönch mit dem Mund voller Schokolade, oder der goldene Buddha in Lotuspose und langgezogenen Ohrlappen.

CHILD MONKS IN MYANMAR

The gray cat silently slinks along the open window of the monastery. The cat's dark silhouette stretches luxuriously in the dark blue light of the early morning. Even though the young monks slip through the dormitory on quiet feet, the old wooden floorboards of the Buddhist monastery creak and groan. It is 4:30 a.m. For about thirty of these monks with shaved heads, the strict morning routine at the monastery has now begun. Most of the monks sleep in the large hall on thin mats with white sheets. The monastery is built of wood with a corrugated metal roof, and its high ceilings make the room seem huge. Deftly straightening their sleeping mats, the novices seem that much smaller by contrast. The only ones to share this early morning routine with the children are the feral cats, who make themselves comfortable in the monastery at night.

The monastery is situated south of the city of Mandalay, tucked into the hills of inland Myanmar. From time to time, tourists make their way here to spend the night for a small fee. This is a good sideline for the monastery, because like most Buddhist institutions, it depends primarily on alms and donations for survival. The monastery itself is divided into a large main building with a prayer room and altar as well as the large dormitory and a side wing, where mainly meals are served. Two pointed, pyramid-shaped towers rise from the roof, and the dark, eroded sheet metal can be seen from far away. There are no grand ornaments or golden decoration. The magic of magnificent, gilded temples and pagodas, which you probably know from many kitschy picture postcards, is usually only found in big cities. This monastery is simple and has a Spartan design. The wooden facade was once painted a dark red, while the doors and window frames were painted a light gray blue. In front of the stairway is a well-maintained courtyard of red earth and a soccer goal made from old tree trunks. On the rear side of the monastery are two shoulder-high concrete walls that provide privacy for a filled water trough. This is where the monks bathe and wash their clothes. Those who live in this monastery live a simple life, completely in the spirit of Buddha.

Their skulls are bald, their feet naked, and their looks appear stern. Their heads are shaved with razor blades from China, and it is not uncommon for their scalps to be nicked in the process. With the shaving of their heads, the children strip off their old identity. All their belongings are taken from them, including their clothing and their hair. They wear copper-red robes—their sole possession. From now on, they are all equal. Upon entering the monastery, they are subjected to strict Buddhist teachings. And yet they do not seem unhappy. Most of the children in this monastery came here as orphans or come from difficult backgrounds. The monastery is their refuge, their new home and social environment. It offers them the opportunity for education in a country where there is still much poverty and unemployment.

In Myanmar, it is traditional for every man to enter a monastery once in his life. When and for how long he does so is up to him. That is why many child monks only spend a few weeks there as temporary monks, while others spend their whole lives there. Becoming a monk means following strict rules and displaying a great deal of discipline and order. But it also means being held in high esteem by the community. Those who dedicate their lives to Buddhism are shown a great deal of respect in society. It is a matter of course for Burmese to give donations to the monks in the form of food, money, or common everyday objects; by doing so, they believe they will improve their karma.

The sun is still behind the horizon and the young novices are already sitting cross-legged in front of the altar of a golden Buddha in lotus position with elongated ear lobes. They fold their hands and close their eyes, listening to the monk on the platform leading the prayer. Some, fighting fatigue, struggle through the Buddhist chants of the morning prayer. It is a monotonous chanting of various mantras accompanied by the rhythmic sounds of a hand bell—a blend of noisy ruckus and meditative, repetitive syllables. At least that's what it sounds like for an outsider. The praying has now awakened the other guests from the dormitory. Some are visibly impressed by the morning discipline of the young novices.

After the prayer, the dining table is set. The monks eat a little apart from the guests and take a seat on the floor. There is no silverware to eat with; it is customary to eat with the right hand. They deftly

use three fingers to pinch the rice into bite-sized lumps and mix it with dried fish and fried beans. For the monks, this early meal is the only one in their daily routine, and it is not unusual for the children to go to bed at night feeling quite hungry.

In the late morning, the guests are already packing their backpacks and preparing to leave. Before they go, many of them leave small donations for the children there: a few bills of kyat, or other snacks or sweets. One of the young monks at the very front grabs his loot, slips it quickly underneath his robe, and runs into the adjacent prayer room. He stops in front of the large Buddha statue and pulls out a package of chocolate, unwraps it, and splits it in half. He places the larger portion on the altar, while the other he shoves into his mouth. With eyes closed and a full mouth, the young monk stands next to the Buddha statue and chews his portion of chocolate with pleasure. It is difficult to judge who radiates more divine satisfaction at this moment, the small monk with his mouth full of chocolate or the golden Buddha in lotus position with elongated ear lobes.

»Their skulls are bald, their feet naked and their sole possession are the copper-red robes they wear.«

←

DER KLOSTERALLTAG FÜR DIE JUNGEN MÖNCHE bedeutet das Befolgen strenger Regeln und den Verpflichtungen des Klosters nachzukommen. Ab und zu darf auch Fußball gespielt und im Kloster gemeinsam Fernsehen geschaut werden.

THE DAILY LIFE OF THE MONASTERY for the young monks means following strict rules and fulfilling the obligations of the monastery. From time to time they are allowed to play soccer or watch TV together in the monastery.

Sons of the Lake

EINBLICKE IN DAS LEBEN AUF DEM WASSER IN MYANMAR

Mit einem einfachen Handgriff stellt Youn den Außenbordmotor seines Holzkanus ab. Das knatternde Geräusch hallt noch einige Sekunden nach und das Kanu driftet langsam über den See. Bis schließlich Stille einkehrt. Es ist kalt und die Sonne versteckt sich noch weit hinter den wolkenverhangenen Bergen des Sees. Es ist keiner dieser Postkarten-Morgen mit aufgehender Sonne und gleißend rotem Licht, das sich schimmernd im Wasser spiegelt. Dafür ein diesiger, dunkler Tagesanbruch, der kaum friedlicher sein könnte. In der schummrigen Dämmerung zeichnen sich schwarze Silhouetten ab. Es sind die Inle-Fischer, sie gehören zu dem Volk der Intha, den Söhnen des Sees, wie sie hier genannt werden. Sie balancieren beinahe lautlos auf ihren hölzernen Langbooten. Mit einem Fuß stehen sie am Bug und scheinen damit nur wenige Zentimeter über dem Wasser zu schweben. Mit dem anderen umklammern sie ein langes Holzruder, das sie in kreisenden Bewegungen vor- und zurückschwenken. Es ist eine einzigartige Rudertechnik die schon lange Tradition hat. So können sie mit beiden Händen ihren Bambuskorb zum Fischen auswerfen. Mit einfachen Sandalen an den Füßen, geflochtenen Kegelhüten und den gemusterten Longyis, dem typischen Wickelrock der Burmesen, zeigen sie den morgendlichen Besuchern gerne ihr akrobatisches Können.

Nachdem sich unser Bootsführer Youn dankend bei den Fischern verabschiedet, kaut er genüsslich auf seiner Betelnuss, der burmesischen Alternative zur Zigarette, die er sich wenige Augenblicke zuvor in den Mund geschoben hat. Er spuckt die dunkelrote, gekaute Paste in den See, setzt sich wieder ans Ruder und schmeißt den Motor an. Er deutet mit einer ausladenden Armbewegung nach Osten und steuert sein Boot geradewegs in Richtung des Ufers. Auch er ist auf dem See aufgewachsen und gehört zu einem der rund 70.000 Intha die rund um das Gewässer leben. Die meisten sind Fischer, arbeiten im Bootstourismus oder sind Bauern.

Der Fahrtwind peitscht ins Gesicht und feine Wassertropfen spritzen ins Boot. Beinahe eine Stunde dauert die Weiterfahrt. Der 22 km langen See scheint endlos zu sein. Wasser soweit das Auge reicht. Während die ersten Sonnenstrahlen durch die Wolken drängen, taucht das grüne Ufer in der Ferne auf. Was von weitem wie das Festland aussieht, ist in Wirklichkeit ein dichter schwimmender Teppich aus Algen und Wasserhyazinthen: den Gärten der Intha. Youn drosselt den Motor, steuert in eine schmale Wasserstraße und zeigt auf die unzähligen Gemüse- und Obstbeete die auf der Oberfläche des Sees treiben. Schwimmende Auberginen- und Blumenkohl-Beete reihen sich an Gurken- und Tomatenstauden. Links und rechts flankieren hohe Bambusrohre die engen Kanäle, und verankern so die mit Schlamm und Wasserpflanzen geschichtete Gärten im Seeboden. Die üppige und sumpfige Umgebung des Sees ist schwer zu bewirtschaften, und so haben die Intha aus der Not eine Tugend gemacht und ihre Felder vom Festland auf das Wasser übertragen.

Youn lenkt den Kahn weiter durch das weitverzweigte Kanalsystem der riesigen Anbauflächen und scheint den Weg durch das vermeintliche Labyrinth bestens zu kennen. Das Ufergebiet ist viel befahren. Nicht nur die Gärten befinden sich auf dem Wasser, auch die Häuser der Intha sind auf Stelzen gebaut und können lediglich mit dem Boot erreicht werden. Die Pfähle sind so hoch, dass selbst in der Regenzeit, wo der Wasserspiegel drastisch ansteigt, sie einfach vor die Haustür paddeln können. Auch für die Tiere hat man vorgesorgt. Die Ställe, in denen Gänse oder Hühner gehalten werden, ragen auf Stelzen hoch über dem Wasser. Rund um das Ufer des Sees gibt es etwa 19 Pfahldörfer. Manche davon sind nur eine Ansammlung verstreuter Holzhäuser auf scheinbar wackeligen Pfählen, andere sind beachtliche Orte mit Tempeln, Pagoden, Verwaltungszentren und Märkten.

Die letzte Station des Morgens ist eines der kleinen, überschaubarer Wasserdörfer. Youn legt den schwarze Kahn an einem der Pfahlhäusern an und huscht über die schmale Holztreppe hoch auf die Terrasse des Hauses. Dort sind bereits vier kleine Tische für die Gäste gedeckt und ein wunderschöner Blick erstreckt sich über den See. Es ist das Haus seiner Eltern, hier ist er aufgewachsen und groß geworden. Sein Vater ist Bauer und betreibt nebenbei das kleine Restaurant in seinem Haus. Es duftet herrlich nach Knoblauch und gegrilltem Fisch. Es gibt Mohinga, eine traditionelle Suppe, die hier vor allem morgens gegessen wird. Youn berichtet, dass alle Zutaten vom Inle-See stammen. Der Graskarpfen von den Fischern, die Bohnen, Kräuter und die Stängel der Bananenpflanzen von den schwimmenden Gärten und die Eier von den Hühnern seiner Mutter. Und so sitzen alle auf der Veranda, schlürfen genüsslich ihre morgendliche Suppe und blicken zufrieden auf den See zu den Menschen, die in ihrem Leben wohl mehr Zeit auf dem Wasser verbringen als zu Land.

A GLIMPSE OF LIFE ON THE WATER IN MYANMAR

With a simple flick of the wrist, Youn turns off the outboard motor of his wooden canoe. The rattling sound reverberates for a few seconds, and the canoe drifts slowly across the lake until silence finally returns. It is cold, and the sun is still well hidden behind the cloud-covered mountains of the lake. It is not one of those postcard mornings where the rising sun and shimmering red light reflects in the water. On the contrary, it is a hazy, dark dawn that could hardly be more peaceful. Black silhouettes emerge in the dim twilight. These are the Inle fishermen. They belong to the Intha people, and they are referred to here as the sons of the lake. They balance almost silently on their wooden long boats. Standing with one foot on the bow, they appear to hover just a few centimeters above the water. They wrap their other leg around a long wooden oar, which they swing back and forth in circular motions. It is a unique rowing technique that has a long tradition. This allows them to use both hands to cast their bamboo basket for fishing. Wearing simple sandals on their feet, braided cone hats, and patterned longyis, the typical wraparound skirt of the Burmese, they are happy to show off their acrobatic skills to the morning visitors.

After our boatman Youn thanks the fishermen and says goodbye, he chews with relish on his betel nut, the Burmese alternative to a cigarette that he had popped into his mouth just a few moments before. He spits the dark red, chewed paste into the lake, sits back down at the rudder, and starts the motor. With a sweeping arm movement, he gestures to the east and steers his boat straight towards the shore. He, too, has grown up on the lake and is one of the roughly 70,000 Intha who live around the body of water. Most of them are fishermen, work in boat tourism, or are farmers.

The wind whips our faces, and a fine spray of water splashes into the boat. The journey takes nearly an hour. The lake, 22 kilometers in length, seems to be endless. Water as far as the eye can see. As the first rays of sun pierce the clouds, the green shore appears in the distance. What looks like the mainland from afar is actually a thick floating carpet of algae and water hyacinths: the gardens of the Intha. Youn throttles the motor, steers into a narrow waterway, and points out the countless fruit and vegetable beds floating on the surface of the lake. Floating eggplant and cauliflower beds stand in rows alongside cucumber and tomato bushes. To the left and right, tall bamboo canes flank the narrow canals, anchoring the gardens layered with mud and aquatic plants to the lake bottom. The lake's lush and marshy environment is difficult to farm, so the Intha have made a virtue of necessity and transferred their fields from the mainland to the water.

Youn continues to steer the boat through the vast canal system of the huge cultivated areas. He seems to be thoroughly familiar with the route through the seeming labyrinth. The waterfront is busy. Not only are the gardens on the water, but Intha houses are also built on stilts and can only be reached by boat. The stilts are so high that even in the rainy season, when the water level rises drastically, they can simply paddle to the front door. They have also made provisions for the animals. The coops where the geese and chickens are kept rise high above the water on stilts. There are about 19 stilt villages dotting the shore of the lake. Some of them are just a collection of scattered wooden houses on seemingly rickety stilts, while others are substantial places with temples, pagodas, administrative centers, and markets.

Our last stop of the morning is at one of the small, manageable water villages. Youn moors the black boat at one of the stilt houses and swiftly makes his way up the narrow wooden stairs to the deck of the house. There, four small tables have already been set for the guests, and we take in the beautiful view of the lake. It is the house of his parents; this is where he grew up. Youn's father is a farmer and runs the small restaurant in his house on the side. The wonderful fragrance of garlic and grilled fish fills the air. We are served mohinga, a traditional soup that is eaten here, especially in the mornings. Youn says that all the ingredients come from Inle Lake. The grass carp come from the fishermen; the beans, herbs, and the stalks of the banana plants from the floating gardens; and the eggs from his mother's chickens. We all sit on the deck, savoring our morning soup, and gaze out contentedly across the lake at the people who probably spend more time on the water than on land over the course of their lives.

INTHA, DIE MENSCHEN VOM SEE,
verbringen die meiste Zeit ihres Lebens auf dem Wasser. Die Fischer des Inle-Sees treiben den Balanceakt zur Perfektion. Sie werden „Einbeinruderer“ genannt: mit einem Bein stehen sie im hinteren Teil des Kanus. Das andere Bein wird zum Rudern benutzt, um die Hände zum Fischen frei zu haben.

INTHA, THE PEOPLE OF THE LAKE,
spend most of their lives on the water. The fishermen of Inle Lake push the balancing act to perfection. They are called "one-legged rowers" because they stand on the back of their canoes with one leg while they use their other leg for rowing; this enables them to have their hands free for fishing.

DER VERMUTLICH SCHÄRFSTE ARBEITSPLATZ
bedeutet harte Arbeit unter der sengenden Mittagssonne. Die Chillischoten werden in Handarbeit geerntet und für mehrere Tage getrocknet.

PROBABLY THE HOTTEST JOB
means hard work under the scorching midday sun. The chili peppers are harvested by hand and dried for several days.

DIE U-BEIN-BRÜCKE
gilt als eine längste Teakholzbrücke der Welt. Sie führt die Fußgänger 1,2 Kilometer über den Taungthaman-See in der Nähe von Mandalay.

THE U-BEIN-BRIDGE
is considered to be one of the longest teak bridges in the world. It leads pedestrians 1.2 kilometers across Taungthaman Lake near Mandalay.

240

Taiwan

Im Schatten seines riesigen Nachbarn, strotzt die Insel Taiwan vor der chinesischen Küste mit ihren unzähligen Besonderheiten und einer einzigartigen Mischung: Hier treffen ursprüngliche chinesische Traditionen auf ausgeprägten japanischen Flair vor dem Hintergrund einer alten pazifischen Inselkultur. Ein Underdog unter den asiatischen Großstädten ist die Hauptstadt Taipeh. Unter den tausenden Tempeln der Insel sprudelt hier das moderne und progressive Leben Taiwans. Wer sich zwischen den futuristischen Hochhausfassaden in den Seitenstraßen der Stadt verliert, begibt sich auf ein kulinarisches Abenteuer auf Taiwans Märkten und lernt das wahre Herz der Stadt kennen. Aufregend, pulsierend und rastlos, bis tief in die Nacht hinein.

In the shadow of its giant neighbor, the island of Taiwan off the coast of China bursts with myriad features and a unique mix: Here, original Chinese traditions meet a distinct Japanese flair against the backdrop of an ancient Pacific island culture. The capital city of Taipei is an underdog among the major cities in Asia. Amid the thousands of temples on the island, this is where the modern and progressive life of Taiwan abounds. Those who lose themselves among the futuristic high-rise façades in the city's side streets will embark on a culinary adventure in Taiwan's markets and get to know the true heart of the city. Exciting, vibrant, and restless, until deep in the night.

九份代

DER TAROKO NATIONALPARK IM OSTEN TAIWANS ist ein weitläufiges Wandergebiet, das sich durch die Taroko-Schlucht und ein bis zu 3.000 Meter hohes Gebirge zieht. Zahlreiche Wasserfälle stürzen hier in die Tiefe, wie der Baiyang-Wasserfall und die sogenannte Wasservorhang-Höhle (Water Curtain Cave), in der das Wasser durch einen Gesteinsspalt in die Höhle hineinfließt.

TAROKO NATIONAL PARK IN EASTERN TAIWAN is a vast hiking area that stretches through the Taroko Gorge and a mountain range up to 3,000 meters high. Numerous waterfalls plunge into the depths here, such as the Baiyang Waterfall and the so-called Water Curtain Cave, where water flows into the cave through a rock fissure.

RUND UM DEN LOTUS SEE
in Kaoshiung befinden sich eine Vielzahl an Statuen und Tempeln. Es sind liebevoll verzierte Gottesabbildungen und Figuren von beeindruckender Größe, die gleichzeitig kitschig und imposant wirken.

AROUND THE LOTUS LAKE
in Kaoshiung are a multitude of statues and temples. They are lovingly decorated images of gods and figures of impressive size, which seem kitschy and imposing at the same time.

DIE STRASSEN VON JUIFEN
im Nordosten der Insel haben einen besonderen Charme. Hiervon sollen sich die Macher des asiatischen Kultfilm Spirited Away inspiriert haben. Die Architektur, die engen mit Laternen behangenen Gassen und das Grand Tea House in der Altstadt von Juifen erinnern daran.

THE STREETS OF JUIFEN
in the northeast of the island have a special charm. It is said that they have inspired the makers of the cult Asian film Spirited Away. The architecture, the narrow lantern-covered streets and the Grand Tea House in the old town of Juifen are reminiscent of it.

賴阿婆
Taro ball
Sweet Potato ball
Green Tea ball
Cold.Hot One Cup:NT$50
九份
愛
MARVEL

菱角
玉米
花生
Water chestnut
corn
peanut
80
150
35
100
80
150

Hungry nights

AUF TAIWANS NACHTMÄRKTEN

Die Aromen von süßem Sesam, gegrilltem Fisch und frittiertem Allerlei werden mit jedem Meter intensiver, je weiter sich die Menschentraube aus der U-Bahnstation der Longshan Temple Station ins Freie schiebt. Darunter mischt sich immer wieder ein strenger Geruch – der beinahe beißend daherkommt. Es ist 8 Uhr abends und über Taipeh ist die Dunkelheit hereingebrochen. Wer jetzt hierher kommt hat nur ein Ziel: den Nachtmarkt.

Vorbei an mit Ventilatoren verbauten Wohnhausfassaden geht es hinein in das Getümmel des Marktes, inmitten der Innenstadt. Links und rechts der Straße reihen sich hunderte, hell beleuchtete Stände, die dicht an dicht mit grell beschrifteten Werbetafeln und Leuchtschilder locken. Aus einem Lautsprecher ertönt taiwanesische Popmusik. Darunter mischt sich Stimmengewirr und das Zischen der Garküchen. Es herrscht hektische Betriebsamkeit bei den Händlern und dichtes Gedränge bei den Besuchern. Dennoch läuft alles kultiviert ab und hinter dem vermeintlichen Chaos scheint es eine gesittete Ordnung zu geben.

Um die vierzehn Nachtmärkte gibt es alleine in der Hauptstadt Taipeh. Sie sind das allabendliche Epizentrum der Taiwaner. Ursprünglich sind sie rund um Tempelanlagen entstanden, wo sich regelmäßig viele Menschen versammelten. Heute sind sie über die ganze Metropole und die Insel verteilt. Wenn abends die halbe Stadt auf den Beinen ist, spielt sich dort ein großer Teil des sozialen Lebens ab. Neben den zahlreichen Garküchen gibt es hier Entertainment, Mode und elektronisches Allerlei. Die Nachtmärkte sind ein Teil der taiwanesischen Alltagskultur: Freiluftrestaurant, Ort zum Bummeln, Einkaufen und beliebter Treffpunkt für Familien, Freunde, Nachbarn und Kollegen.

Zwischen Bubble Tea und günstigen iPhone-Hüllen schlürfen einige Leute Rinder-Nudelsuppe auf roten Plastikhockern. Viele von ihnen tragen Sandalen, andere kommen nach der Arbeit in Anzug und Krawatte hierher. Am Stand nebenan schießen Kinder mit Pfeilen auf Luftballons und üben sich im Abwerfen von Dosenpyramiden. Auf der gegenüberliegenden Seite schubst eine Verkäuferin dampfende Teigkugeln in runde, heiße Eisenförmchen. Sechs Oktopusbällchen serviert sie mit scharfer, roter Soße. Am Stand daneben schwimmen gallertartige Mochis im dampfenden Wasserbad, ein beliebter, wenn auch klebriger Nachtisch aus Reismehl und süßer Bohenpaste. Die verschiedenen Küchen überbieten sich mit einer Vielfalt an Gerichten. In den überladenen Auslagen der Snackbuden türmen sich panierten Tintenfisch-Arme, Bratnudelberge, Taiwanesische Spießwürste, geschnitten Früchte in Klarsicht-Beutelchen und gestapelte Ananaskuchen. Und dazwischen immer wieder der undefinierte, beißende Geruch – eine Mischung aus alten Socken und Roquefort-Käse.

Dieser undefinierte Geruch scheint die Leute magisch anzuziehen. Vor einem unscheinbaren Imbiss am Straßenrand hat sich eine lange Menschenschlange gebildet. Köpfe und Dampfwolken versperren die Sicht auf die Speisen, die hier zubereitet werden. Auf der Plastiktafel darüber stehen schrille, poppige Schriftzeichen, daneben ein verrücktes, braunes Maskottchen mit ausgestreckter Zunge. Die kleine taiwanesische Dame hinter dem Stand kümmert sich um die wartenden Kunden. Blitzschnell sortiert sie die Scheine in die Blechkasse ein, diktiert ihrem Mann an der Friteuse die Bestellung und klatscht das Wechselgeld auf den Tresen. Scheine rein, fertige Portionen raus. Jeder Handgriff der beiden sitzt und ist perfekt aufeinander abgestimmt. Für ca. 70 Taiwan-Dollar, umgerechnet 2 Euro, gehen hier im Minutentakt frittierte Scheiben taiwanesischer Tofu über die Theke: Ein brauner Snack, der harmlos aussieht, jedoch einen gewöhnungsbedürftigen Geruch verströmt. Kaum ein Gericht gibt es zweimal auf dem Markt, nur dieses. Es ist so beliebt, dass es von unzähligen Stand-Meistern gedämpft, gebraten, gegrillt und vor allem frittiert wird. Für Nicht-Taiwanesen ist der Geruch eher abschreckend, für Landsleute ist das heimliche Nationalgericht ein Gaumenschmaus. Dabei spricht der Name für sich. Der Snack, der hier zubereitet wird ist, ist Stinky Tofu - ein stark fermentierter Imbiss aus Sojabohnen. Den Mutigen sei gesagt: Der Geschmack ist weniger intensiv als der Geruch selbst, dennoch ist er nicht jedermanns Sache - egal ob als Würfel, Scheiben oder Tofu-Fritten mit Käsedip. Probieren ist trotzdem Pflicht.

Noch bis Mitternacht ist der Nachtmarkt geöffnet. Dann werden die Stände bis zum nächsten Abend abgebaut, die Hocker zusammengestellt und die Preistafeln abgehängt. Am Morgen verwandelt sich die Speisemeile wieder eine einfache, bescheidene Seitenstraße. Nur der Geruch von stinkenden Socken und Roquefort-Käse liegt noch länger in der Luft.

AT TAIWAN'S NIGHT MARKETS

The fragrances of sweet sesame, grilled fish, and all sorts of deep-fried foods become more intense with every meter as the crowd of people pushes out of the Longshan Temple metro station and into the open. Mixed in with these scents is a strong smell—one that is almost acrid. It is 8 o'clock in the evening, and darkness has fallen over Taipei. Anyone who arrives here now has only one destination in mind: the night market.

Past apartment building facades covered with fans, we head into the hustle and bustle of the market situated in the heart of the city center. Hundreds of brightly lit stalls line both sides of the street, luring visitors with garishly lettered advertising panels and illuminated signs. Taiwanese pop music blares from a loudspeaker. Mixed in is the babble of voices and the hissing of the food stalls. There is a frenzy of activity among the merchants and dense crowds of visitors. Nevertheless, everything is proceeding in a cultivated manner, and there appears to be a civilized order behind the seeming chaos.

There are around fourteen night markets in the capital city of Taipei alone. They are the nightly epicenter of the Taiwanese people. These markets originally sprang up around temple complexes, where large numbers of people regularly gathered. Today, they have spread throughout the city and across the island. When half the city is on its feet in the evenings, a large part of social life takes place in these markets. In addition to the numerous food stalls, these markets feature entertainment, fashion, and all kinds of electronics. The night markets are a part of Taiwan's everyday culture: open-air restaurants, places to stroll, go shopping, and popular meeting spots for families, friends, neighbors, and colleagues.

Between bubble tea and cheap iPhone cases, some people sit on red plastic stools sipping beef noodle soup. Many of them wear sandals, while others come here in suits and ties after work. At the booth next door, children shoot arrows at balloons and try their hand at knocking down can pyramids. Across the way, a vendor pushes steaming balls of dough into hot, round iron molds. She serves six octopus balls with a spicy red sauce. At the adjacent stall, gelatinous mochis float in a

火鍋肉片
酸白菜
開市大吉
錄影中

DIE SEITENSTRASSEN IN TAIPEI
verwandeln sich abends zu geselligen Nachtmärkten, an denen man für wenig Geld viele verschiedenen Köstlichkeiten bekommt. Hier treffen sich junge Leute ebenso wie die Arbeiter aus dem Business District. Auf kleinen Klapptischen direkt neben den Ständen wird gegessen, getrunken und diskutiert.

THE SIDE STREETS IN TAIPEI
turn into sociable night markets, where you can get many different delicacies for little money. Young people and workers from the business district meet here. People eat, drink, and talk on small folding tables right next to the stalls.

下水湯
當歸鴨麵線
麵・米粉
台南米糕・四神湯・乾麵・湯麵
肉燥飯
排骨飯
虱目魚肚湯
虱目魚丸湯
燙青菜
苦瓜排骨湯
台南米糕
豬腳飯
安昇車業行
豆腐

steaming water bath—a popular if sticky dessert made of rice flour and sweet bean paste. The various kitchens outdo each other with a variety of dishes. The cluttered displays of snack stalls are heaped with breaded octopus tentacles, mountains of fried noodles, Taiwanese skewered sausages, sliced fruit in clear pouches, and stacked pineapple cakes. And in between all this is the undefined, acrid smell—a mix of old socks and Roquefort cheese.

This undefined smell seems to magically attract people. A long line of people has formed in front of an inconspicuous snack bar at the edge of the road. Heads and clouds of steam block the view of the food being prepared here. Shrill, trendy characters adorn the plastic board above the stand; next to it is a crazy, brown mascot with a stuck-out tongue. The little Taiwanese lady behind the counter is taking care of the waiting customers. At lightning speed, she sorts the bills into the metal cash register, dictates the order to her husband at the deep fryer, and slaps the change onto the counter. Bills in, finished portions out. Every move the couple makes is perfectly coordinated. For about 70 Taiwan dollars, the equivalent of two euros, deep-fried slices of Taiwanese tofu are sold here every minute: This brown snack may look harmless, but it has a smell that takes some getting used to. Hardly any dish appears twice at the market... Except for this one. It is so popular that it is steamed, fried, grilled, and especially deep fried by numerous food stall masters. Although the smell is rather off-putting for non-natives, this secret national dish is a culinary delight for the Taiwanese. The name speaks for itself. The snack being prepared here is stinky tofu—a highly fermented snack made of soy beans. Those brave enough to try it should be aware that although the taste is less intense than the smell, it is still not for everyone—whether prepared as cubes, in slices, or as tofu fries with a cheese dip. Nonetheless, trying it is a must.

The night market is open until midnight. Afterwards the stalls are dismantled until the following evening, the stools are stacked, and the price boards taken down. In the morning, the street food extravaganza has once again transformed into a simple, humble side street. Only the smell of stinky socks and Roquefort cheese still lingers in the air.

»Between bubble tea and cheap iPhone cases, people sit on red plastic stools sipping beef noodle soup.«

原味甘蔗汁
檸檬甘蔗汁
金桔甘蔗汁
牛奶甘蔗汁
熱 薑母甘蔗汁 原味甘蔗汁
甘蔗內含多種基酸可抗氧化
熱
薑母甘蔗汁
原味甘蔗汁
大杯 40元
小杯 35元
3杯 100元

大腸包小腸
烤玉米
$60
BbQ Corn
大腸包小腸
正宗
大腸包小腸
玉米

→

VERSCHNAUFPAUSE
für diese Angestellte eines großen Hotels in Taipei. Während ihrer Schicht gibt es wenige Möglichkeiten für Pausen und dann auch nur in einer Seitenstraße am Hintereingang.

A QUICK BREAK
for this employee of a large hotel in Taipei. During her shift, there are few opportunities for breaks and even then only in a side street at the back entrance.

35

89
PEMBURY ROAD

DAS ALLERHEILIGSTE
ist diese Garage in Taipei, welche als Ersatzteillager, Werkstatt und Gebetsschrein zugleich dient. Religion und Alltag sind oft eng miteinander verbunden und in den schmalen Wohn- und Arbeitsräumen der Hauptstadt finden sich dadurch ungewöhnliche Orte für kleine und größere Hausaltare.

THE HOLY OF HOLIES
is this garage in Taipei, which serves as a spare parts warehouse, workshop, and prayer shrine all at the same time. Religion and everyday life are often closely connected, and as a result unusual places for small or larger house altars can be found in the narrow living and working spaces of the capital city.

←

DER MOPED WATERFALL IN TAIPEI
füllt in der Rush Hour die Autobahn Ausfahrt mit Mofas. Mehr als drei Viertel der Fahrzeuge in der Stadt sind Motorräder und Roller, mit denen man schnell und wendig vorankommt, ganz ohne Parkplatzprobleme. Taiwan ist das Land mit den meisten Mopeds pro Einwohner, was nicht verwunderlich ist, wenn man durch die Straßen der Stadt streift.

THE MOPED WATERFALL IN TAIPEI
fills the highway exit with mopeds during rush hour. More than three-quarters of the vehicles in the city are motorcycles and scooters, which make for quick and nimble travel, with no parking problems at all. Taiwan is the country with the most mopeds per capita, which is not surprising when you roam the city streets.

ALS SYMBOL FÜR WEISHEIT, KREATIVITÄT UND KRAFT zieren prunkvoll verzierte Drachen viele Tempeldächer in Taiwan und blicken auf die unverkennbare Landschaft und die pulsierenden Städte dieser ursprünglichen Insel.

SYMBOLIZING WISDOM, CREATIVITY, AND POWER, ornate dragons adorn many temple roofs in Taiwan, which overlook the distinctive landscape and vibrant cities of this pristine island.

Imprint

Photographs by © Patrick Pichler
Texts by © Alexandra Schels & Patrick Pichler
Set from the font 1089 Display and Texta

Editorial Coordination by Berrit Barlet, teNeues Verlag
Translations by Heather Bock, WeSwitch Languages
Cover Design & Layout by Patrick Pichler
Production by Alwine Krebber, teNeues Verlag
Photo Editing, Color Separation by Jens Grundei, teNeues Verlag

ISBN 978-3-96171-348-6 (German version)
ISBN 978-3-96171-347-9 (English version)
Printed in Slovakia by Neografia
Library of Congress Number: 2021935368

FSC www.fsc.org MIX Paper from responsible sources FSC® C020353

Bibliographic information published by the Deutsche Nationalbibliothek: The Deutsche Nationalbibliothek lists this publication in the Deutsche Nationalbibliografie; detailed bibliographic data are available on the Internet at dnb.dnb.de.

Published by teNeues Publishing Group

teNeues Verlag GmbH
Werner-von-Siemens-Straße 1
86159 Augsburg, Germany

Düsseldorf Office
Waldenburger Straße 13
41564 Kaarst, Germany
e-mail: books@teneues.com

Augsburg/München Office
Werner-von-Siemens-Straße 1
86159 Augsburg, Germany
e-mail: books@teneues.com

Berlin Office
Lietzenburger Straße 53
10719 Berlin, Germany
e-mail: books@teneues.com

Press Department Stefan Becht
Phone: +49-152-2874-9508 / +49-6321-97067-99
e-mail: sbecht@teneues.com

teNeues Publishing Company
350 Seventh Avenue, Suite 301
New York, NY 10001, USA
Phone: +1-212-627-9090
Fax: +1-212-627-9511

www.teneues.com

teNeues Publishing Group
Augsburg / München
Berlin
Düsseldorf
London
New York

teNeues